AF113402

www.ingramcontent.com/pod-product-compliance
Lightning Source LLC
LaVergne TN
LVHW011935070526
838202LV00054B/4654
9784453411613

Urdu Edition

اسلامی دعا کی کتاب
Islamic Dua Book

The Treasure of Dua
دعا کا خزانہ

By Islamic Book Store

It's includes 100+ Duas (prayers)
and supplications from Quran and Hadith

اس میں + 100 دعائیں اور قرآن و حدیث
کی دعائیں شامل ہیں

Written By - Dr. Hafiz Foyuz ur Rahman

تحریر: ڈاکٹر حافظ فیوز الرحمان

هُوَ

اللّٰه

الَّذِي لَا إِلٰهَ إِلَّا هُوَ

الرَّحْمٰنُ ، الرَّحِيمُ ، اللّٰه ، الْمَلِكُ ، الْقُدُّوسُ

السَّلَامُ ، الْمُؤْمِنُ ، الْمُهَيْمِنُ ، الْعَزِيزُ ، الْجَبَّارُ

الْمُتَكَبِّرُ ، الْخَالِقُ ، الْبَارِئُ ، الْمُصَوِّرُ ، الْغَفَّارُ

الْقَهَّارُ ، الْوَهَّابُ ، الرَّزَّاقُ ، الْفَتَّاحُ ، الْعَلِيمُ

الْقَابِضُ ، الْبَاسِطُ ، الْخَافِضُ ، الرَّافِعُ ، الْمُعِزُّ

الْمُذِلُّ ، السَّمِيعُ ، الْبَصِيرُ ، الْحَكَمُ ، الْعَدْلُ

اللَّطِيفُ ، الْخَبِيرُ ، الْحَلِيمُ ، الْعَظِيمُ ، الْغَفُورُ

الشَّكُورُ ، الْعَلِيُّ ، الْكَبِيرُ ، الْحَفِيظُ ، الْمُقِيتُ

الْحَسِيبُ ، الْجَلِيلُ ، الْكَرِيمُ ، الرَّقِيبُ ، الْمُجِيبُ

الْوَاسِعُ ، الْحَكِيمُ ، الْوَدُودُ ، الْمَجِيدُ ، الْبَاعِثُ

الشهيد	الحق	الوكيل	القوي	المتين
الولي	الحميد	المحصي	المبدئ	المعيد
المحيي	المميت	الحي	القيوم	الواجد
الماجد	الواحد	الصمد	القادر	المقتدر
المقدم	المؤخر	الأول	الآخر	الظاهر
الباطن	الوالي	المتعالي	البر	التواب
المنتقم	العفو	الرؤوف	مالك الملك	ذو الجلال والإكرام
المقسط	الجامع	الغني	المغني	المانع
الضار	النافع	النور	الهادي	البديع
الباقي	الوارث	الرشيد	الصبور	جل جلاله وعم نواله

دعاؤں کا خزانہ

ترتیب

ڈاکٹر حافظ قاری فیوض الرحمٰن
ایم اے، ایم او ایل، پی ایچ ڈی
ایم اے عربی، اردو، فارسی، اسلامیات

نام کتاب   :   دعاؤں کا خزانہ

جمع و ترتیب   :   بریگیڈیئر ڈاکٹر حافظ قاری فیوض الرحمٰن (ر)

بسم الله الرحمن الرحيم

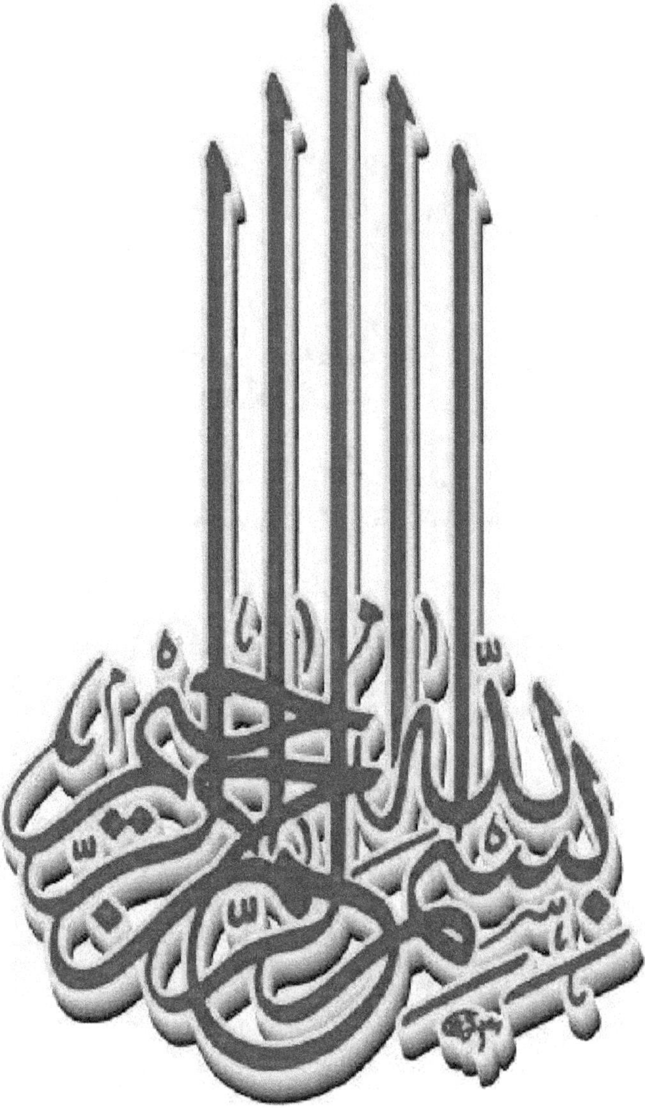

اَللّٰهُمَّ

صَلِّ عَلٰى مُحَمَّدٍ وَّعَلٰٓى اٰلِ مُحَمَّدٍ

كَمَا صَلَّيْتَ عَلٰٓى اِبْرَاهِيْمَ وَعَلٰٓى اٰلِ اِبْرَاهِيْمَ

اِنَّكَ حَمِيْدٌ مَّجِيْدٌ

اَللّٰهُمَّ

بَارِكْ عَلٰى مُحَمَّدٍ وَّعَلٰٓى اٰلِ مُحَمَّدٍ

كَمَا بَارَكْتَ عَلٰٓى اِبْرَاهِيْمَ وَعَلٰٓى اٰلِ اِبْرَاهِيْمَ

اِنَّكَ حَمِيْدٌ مَّجِيْدٌ

۵

فہرست مضامین

نمبر شمار	مضمون	صفحہ نمبر
۱	پیش لفظ	۱۲
۲	حادثات سے بچنے کا وظیفہ	۱۴
۳	آفتوں اور مصیبتوں سے حفاظت کی دعا (دعائے انس رضی اللہ عنہ)	۱۶
۴	حفاظت کی دعا	۱۸
۵	ہر طرح کی قضاء اور مصیبت و آزمائش سے حفاظت کی دُعا	۱۸
۶	جانے اور ان جانے تمام شرور سے اللہ تعالیٰ کی پناہ	۱۹
۷	کاموں کے بُرے نتیجے سے اللہ کی پناہ	۱۹
۸	بُرا وقت، بُرے ساتھی اور بُرے پڑوسی سے اللہ تعالیٰ کی پناہ	۲۰
۹	ناگہانی مصیبت سے بچاؤ کا نبوی نسخہ	۲۰
۱۰	ہر چیز سے حفاظت کی دعا	۲۱
۱۱	آیۃ الکرسی اور سورۃ المؤمن کی ابتدائی آیتوں کی فضیلت	۲۲
	(۱) آیۃ الکرسی	۲۲
	(۲) سورۃ المؤمن کی ابتدائی آیات	۲۳
۱۲	شیاطین سے حفاظت کا نسخہ	۲۴

۲۴	جادو اور جنات سے حفاظت کا عمل	۱۳
۲۵	سورۃ الاخلاص (۱)	
۲۵	سورۃ الفلق (۲)	
۲۶	سورۃ الناس (۳)	
۲۶	آسیب وسحر وغیرہ سے حفاظت کا نبوی نسخہ	۱۴
۲۷	جادو سے حفاظت کا مجرب نسخہ	۱۵
۲۸	نظر بد دُور کرنے کا نبوی نسخہ	۱۶
۳۰	صبح وشام کے اذکار، جادو، سحر، نظر بد سے حفاظت کے لئے	۱۷
۳۱	ہر قسم کی بیماریوں اور پریشانیوں سے نجات کی نہایت اکسیر دعاء	۱۸
۳۲	شیطانی اثرات سے حفاظت کی دعا	۱۹
۳۸	جذام، جنون، اندھاپن، فالج سے موت تک حفاظت کے لئے	۲۰
۳۸	جسمانی بیماریوں سے نجات کی دعا	۲۱
۳۸	تمام بری بیماریوں سے بچاؤ	۲۲
۴۰	بیماری اور تنگدستی دور کرنے کا نبوی نسخہ	۲۳
۴۱	شیطانی مکر و فریب سے پناہ کی دعا	۲۴
۴۱	لوگوں کے شر سے حفاظت کی دعا	۲۵
۴۲	مخالفین کے دباؤ کے وقت پڑھی جانے والی دعا	۲۶

۲۷	بچوں کو یاد کروانے کی دعا	۴۲
۲۸	اپنی کفایت کا نبوی نسخہ	۴۴
۲۹	درد والی جگہ پر ہاتھ رکھ کر یہ دعا پڑھیں	۴۶
۳۰	مریض پر دم کرتے ہوئے پڑھیں	۴۶
۳۱	ہر مصیبت سے نجات کی دعا	۴۹
۳۲	ہر مصیبت سے نجات کے لئے، ہر تنگی کی دوری کے لئے، جہاں سے وہم و گمان نہ ہو وہاں سے روزی ملنے کے لئے	۴۹
۳۳	اللہ تعالیٰ سے معافی و مغفرت دلانے والی دعا	۵۰
۳۴	ہر شر سے بچنے کے لئے اور ہر خیر حاصل کرنے کے لئے	۵۱
۳۵	ادائیگی قرض اور ہر پریشانی سے نجات کے لئے	۵۱
۳۶	دنیا و آخرت کی بہتری کے لئے دعائیں	۵۳
۳۷	دین و دنیا کی نعمتوں کی التجاء	۵۴
۳۸	حضرت ابراہیم علیہ السلام کی دعا ہے	۵۵
۳۹	تمام کاموں میں اچھے انجام، دنیا کی رسوائی اور آخرت کے عذاب سے حفاظت کے لئے	۵۵
۴۰	جہنم سے چھٹکارے کی دعا	۵۶
۴۱	دن رات کی نعمتوں کا شکریہ اور نعمتوں میں اضافے کے لئے	۵۶

۵۸	حضور صلی اللہ علیہ وسلم کے مبارک ہاتھوں جنت میں داخلہ کے لئے دعا	۴۲
۵۸	دن اور رات کی بھلائیوں کی دعا	۴۳
۶۰	پورے دن کی بھلائیاں طلب کرنے کی دعا	۴۴
۶۱	آپ صلی اللہ علیہ وسلم کی حضرت فاطمہ رضی اللہ عنہا کو وصیت	۴۵
۶۲	اللہ سے اس کی شان کے مطابق اجر لینے کا نبوی نسخہ	۴۶
۶۲	شہادت کا مرتبہ حاصل کرنے کا نبوی نسخہ	۴۷
۶۳	فرشتوں کی دعا کے مستحق بننے اور وفات پر شہادت کا اجر ملنے کا نبوی نسخہ	۴۸
۶۵	روزانہ ستائس ۲۷ مرتبہ پڑھنے والا ایسے لوگوں میں شمار ہوگا جن کی دعائیں قبول کر لی جاتی ہیں	۴۹
۶۶	ایک مرتبہ پڑھنا ہزار نیکیوں کا ملنا	۵۰
۶۶	صحیح عقائد پر صبح و شام کرنے کی دعا	۵۱
۶۸	ہر دعا قبول کروانے کا وظیفہ	۵۲
۶۹	سید الاستغفار	۵۳
۷۰	تمام گناہوں کے کفارہ کے لیے استغفار اگر چہ سمندر کی جھاگ کے برابر ہوں	۵۴
۷۱	وساوسِ شیطانی سے حفاظت کا نبوی نسخہ	۵۵
۷۲	ہر قسم کی عافیت کا نبوی نسخہ	۵۶

۷۳	کلمات مختصر اور اجر بہت زیادہ	۵۷
۷۷	بے جا غصّے اور گمراہ کُن فتنوں سے بچنے کی دعا	۵۸
۷۷	حضرت داؤد علیہ الصلوٰۃ والسلام کی ایک جامع دعا	۵۹
۷۸	حضور اقدس ﷺ کی شفاعت کے لئے درود شریف پڑھئے	۶۰
۷۹	دنیا و آخرت کے کاموں پر کفایت کا نبوی نسخہ	۶۱
۷۹	نماز کے بعد ذکر اور دعائیں	۶۲
۸۳	ذکر کے معمولات کی کمی کی تلافی کا نبوی نسخہ	۶۳
۸۴	جامع دعا	۶۴
۸۵	مندرجہ ذیل دعا تین مرتبہ پڑھ لیجئے آپ کے سارے گناہ معاف	۶۵
۸۶	دو محبوب کلمے	۶۶
۸۶	دس مرتبہ صبح و شام پڑھنے کا وظیفہ	۶۷
۸۷	شرک خفی سے نجات دلانے والی دعا	۶۸
۸۸	بدن کی عافیت کا نبوی نسخہ	۶۹
۸۹	دین و جان و اولاد و اہل و عیال و مال کی حفاظت کی دعا	۷۰
۹۰	الہام ہدایت اور نفس کے شر سے حفاظت کی دعا	۷۱
۹۰	ہمیشہ کی عافیت نعمت باقی رہنے کی دعا	۷۲
۹۱	دین پر ثابت قدم رہنے کی دعا	۷۳

91	حق کی اتباع اور باطل سے بچنے کی دعا	74
92	والدین کو ایصال ثواب کے لئے خاص دعا	75
93	آئینہ دیکھنے کی دعا	76
94	مشکل کام کی آسانی کے لئے	77
94	اس کے پڑھنے والے کو قیامت کے دن نور عنایت ہوگا	78
95	ماں باپ اور مؤمنوں کی مغفرت کی دُعا	79
96	صالح اہل و عیال کی دُعا	80
96	طلبِ رزق کی دعا	81
97	تکلیف کے وقت یہ دعا پڑھیں	82
99	ظالموں کے ظلم اور دشمنوں کے شر سے حفاظت کی دعا	83
100	کسی کو مصیبت میں دیکھیں تو یہ دعا پڑھیں (مگر آہستہ)	84
100	شیطانی وسوسوں سے بچاؤ اور خاتمہ بالخیر کی دعا	85
101	شکر اور نیک اعمال کی توفیق	86
101	نفس کی برائی اور برے اعمال سے پناہ کی دعا	87
102	تمام ظاہری و باطنی فتنوں سے حفاظت کی دعا	88
102	سخت مشکل اور ہر قسم کی بلا دُور کرنے کی دعا	89
103	قرض سے چھٹکارا حاصل کرنے کی دعا	90

۱۰۳	پریشانیوں سے بچنے کی دعا	۹۱
۱۰۴	جانے اور انجانے گناہوں کی معافی کی دعا	۹۲
۱۰۴	عظیم الشان وظیفہ	۹۳
۱۰۷	وضو کے درمیان یہ دعا پڑھیں	۹۴
۱۰۸	وضو کے بعد کی دعا	۹۵
۱۰۸	طلبہ کے لیے پیاری دعا	۹۶
۱۰۹	اظہارِ فرمانبرداری	۹۷
۱۰۹	حضرت آدم علیہ السلام کی دعا	۹۸
۱۱۰	میت کی مغفرت کے لیے دعائیں	۹۹
۱۱۱	عورت کے لیے یہ دعا اس طرح پڑھی جائے گی	۱۰۰
۱۱۶	بچے کی میت کے لیے دعا	۱۰۱
۱۱۶	مختصر استخارہ	۱۰۲
۱۱۷	دل کو تسلی دینے کے لیے چند وظیفے	۱۰۳
۱۱۹	قنوتِ نازلہ	۱۰۴
۱۳۶	منزل	۱۰۵
۱۵۱	صلٰوۃ و سلام (مع ترجمہ)	۱۰۶

✦✦✦✦✦✦

بِسۡمِ اللّٰہِ الرَّحۡمٰنِ الرَّحِیۡمِ

پیش لفظ

اَلۡحَمۡدُ لِلّٰہِ رَبِّ الۡعٰلَمِیۡنَ وَالصَّلٰوۃُ وَالسَّلَامُ عَلٰی سَیِّدِ الۡمُرۡسَلِیۡنَ وَعَلٰی اٰلِہٖ وَاَصۡحَابِہٖ اَجۡمَعِیۡنَ ۔ اَمَّا بَعۡدُ!

اللہ تعالیٰ کی توفیق سے قرآنِ پاک اور رسول پاک صلی اللہ علیہ وآلہ وسلم کی بتائی ہوئی یہ چند دعائیں، ۴۰ درود شریف اور منزل پڑھنے والوں کی خدمت میں پیش کی جارہی ہیں۔ ان دعاؤں کو پورے ایمان ویقین کے ساتھ خود بھی پڑھیں اور اپنی آل اولاد کو بھی پڑھائیں اور یاد کرائیں۔ اللہ تعالیٰ کی رحمت سے پوری اُمید ہے کہ ان شاء اللہ ہر قسم کی بلاؤں اور مصیبتوں سے حفاظت ہوگی۔

دعا کے معنی پکارنے اور مانگنے کے ہیں۔ دعا عبادت ہے اس لئے یہ صرف اللہ تعالیٰ ہی سے کی جاسکتی ہے کہ ہر قسم کی تمام عبادتیں اللہ تعالیٰ ہی کے لئے ہیں۔ اللہ تعالیٰ نے ہمیں دعائیں مانگنے کا حکم دیا اور قبولیت کا وعدہ کیا ہے۔ اللہ تعالیٰ اپنے بندوں کی پکار کو سنتا اور جواب دیتا ہے۔ وہی بے قراروں

کی دعائیں اور التجائیں اپنی بارگاہ میں قبول کرتا ہے۔

دنیا میں ہر شخص کو مختلف قسم کے حالات و واقعات پیش آتے ہیں۔ قدم قدم پر ہمیں اللہ تعالیٰ کی مدد کی ضرورت ہوتی ہے۔ اللہ تعالیٰ ہم بندوں کی ضرورتوں کو ہم سے زیادہ جانتا ہے اور وہی ہماری ضرورتوں کو پورا کرتا اور ہماری مشکلات کو دور کرتا ہے۔ اللہ تعالیٰ کے تمام نبیوں اور رسولوں علیہم الصلوٰۃ والسلام نے اپنی تمام حاجتوں میں صرف اللہ تعالیٰ ہی کو پکارا ہے۔ ہمیں بھی ہر قسم کے حالات اور تکالیف میں صرف اللہ تعالیٰ ہی سے دعائیں کرنی چاہئیں کہ وہی اللہ تعالیٰ سب کی دعائیں قبول کرتا ہے۔

دُعا سے پہلے اللہ تعالیٰ کی حمد و ثنا کرے، حضرت محمد صلی اللہ علیہ وسلم پر درود و سلام بھیجے اور آخر میں بھی حمد و ثناء اور درود و سلام پڑھے اور آمین پر اُسے ختم کرے۔

اللہ تعالیٰ سے دعا ہے کہ وہ اس کتاب کو اپنی بارگاہ میں قبول فرمائیں اور سب پڑھنے والوں کو اس سے پورا نفع حاصل کرنے کی توفیق دیں۔ آمین۔

بریگیڈیئر ڈاکٹر حافظ قاری فیوض الرحمن جدون (ر)
۴ محرم الحرام ۱۴۴۱ھ / ۴ ستمبر ۲۰۱۹ء

بِسۡمِ اللّٰہِ الرَّحۡمٰنِ الرَّحِیۡمِ

حادثات سے بچنے کا وظیفہ (ایک مرتبہ)

فضیلت: ایک شخص حضرت ابوالدرداء رضی اللہ عنہ کی خدمت میں حاضر ہوا اور عرض کیا کہ آپ کا مکان جل گیا۔ فرمایا ''نہیں جلا''۔ دوسری روایت میں ہے کہ پھر دوسرے شخص نے یہی اطلاع دی تو فرمایا: ''نہیں جلا''۔ پھر تیسرے آدمی نے یہی خبر دی، آپ نے فرمایا: ''اللہ کی قسم! نہیں جلا۔ اللہ تعالیٰ ایسا نہیں کرے گا کہ میرا مکان جل جائے، کیوں کہ میں نے رسول اللہ صلی اللہ علیہ وآلہ وسلم سے سنا ہے کہ جو شخص صبح کے وقت یہ کلمات پڑھ لے شام تک اس کو کوئی مصیبت نہیں پہنچے گی اور جو شام کے وقت پڑھ لے صبح تک اس کو کوئی مصیبت نہیں پہنچے گی۔ میں نے صبح یہ کلمات پڑھے تھے، اس لیے مجھے یقین تھا کہ میرا مکان نہیں جل سکتا''۔ پھر لوگوں کے ساتھ گھر کی طرف گئے تو دیکھا کہ آس پاس کے سارے گھر جل گئے ہیں مگر ان کا گھر بالکل سلامت ہے۔ وہ کلمات یہ ہیں:

اَللّٰھُمَّ اَنۡتَ رَبِّیۡ لَآ اِلٰہَ اِلَّآ اَنۡتَ عَلَیۡکَ تَوَکَّلۡتُ

وَاَنۡتَ رَبُّ الۡعَرۡشِ الۡعَظِیۡمِ مَا شَآءَ اللّٰہُ کَانَ

وَمَالَمْ يَشَأْ لَمْ يَكُنْ وَلَا حَوْلَ وَلَا قُوَّةَ إِلَّا

بِاللّٰهِ الْعَلِيِّ الْعَظِيْمِ اَعْلَمُ اَنَّ اللّٰهَ عَلٰى كُلِّ

شَيْءٍ قَدِيْرٌ وَّ اَنَّ اللّٰهَ قَدْ اَحَاطَ بِكُلِّ شَيْءٍ عِلْمًا ۔

اَللّٰهُمَّ اِنِّيْٓ اَعُوْذُبِكَ مِنْ شَرِّ نَفْسِيْ وَمِنْ شَرِّ

كُلِّ دَآبَّةٍ اَنْتَ اٰخِذٌ بِنَاصِيَتِهَآ اِنَّ رَبِّيْ عَلٰى

صِرَاطٍ مُّسْتَقِيْمٍ ۔

ترجمہ: ''اے اللہ! آپ ہی میرے پالنے والے ہیں۔آپ کے سوا کوئی عبادت کے لائق نہیں ہے۔آپ پر ہی میں نے بھروسہ کیا اور آپ ہی عظیم عرش کے مالک ہیں۔ جو کچھ اللہ نے چاہا وہ ہوا جو نہیں چاہا وہ نہیں ہوا اور گناہوں سے بچنے اور نیک کاموں کے کرنے کی طاقت اللہ کی مدد ہی سے ملتی ہے جو بلندی والا عظمت والا ہے۔ میں یقین کرتا ہوں کہ اللہ تعالیٰ ہر چیز پر پوری قدرت رکھنے والا ہے اور یہ کہ اللہ تعالیٰ کا علم ہر چیز کو احاطہ کئے ہوئے ہے۔اے اللہ! میں آپ کی پناہ مانگتا ہوں اپنے نفس کی برائی سے

اور ہر اس جانور کی برائی سے جس کی پیشانی آپ کے قبضے میں ہے بے شک میرا رب سیدھے راستے پر ہے۔‘‘

آفتوں اور مصیبتوں سے حفاظت کی دعا

(دعائے انس رضی اللہ عنہ)

فضیلت: یہ دُعا حضرت انس رضی اللہ عنہ کی ہے۔ آپ حضور صلی اللہ علیہ وآلہٖ وسلم کے خادم تھے۔ دس برس آپ صلی اللہ علیہ وآلہٖ وسلم کی خدمت کی۔ آنحضرت صلی اللہ علیہ وآلہٖ وسلم نے ان کی والدہ کی درخواست پر ان کو دین و دنیا اور آخرت کی بہتری کے لیے اور سب آفتوں اور بلاؤں سے حفاظت کے لیے اس دعا سے مشرف و مخصوص فرمایا۔ اللہ تعالیٰ نے ان کی عمر، مال و دولت اور اولاد میں یہاں برکت دی اور وہاں جو ملا ہوگا اِس کا اندازہ کرنا مشکل ہوگا۔

بِسْمِ اللّٰہِ عَلٰی نَفْسِیْ وَدِیْنِیْ بِسْمِ اللّٰہِ عَلٰی اَھْلِیْ وَمَالِیْ وَوَلَدِیْ بِسْمِ اللّٰہِ عَلٰی مَآ اَعْطَانِیْ ط اَللّٰہُ اَللّٰہُ رَبِّیْ لَآ اُشْرِكُ بِهٖ شَيْئًا اَللّٰہُ اَکْبَرُ اَللّٰہُ اَکْبَرُ اَللّٰہُ اَکْبَرُ وَاَعَزُّ وَاَجَلُّ وَ اَعْظَمُ مِمَّآ اَخَافُ وَ اَحْذَرُ عَزَّ جَارُكَ وَجَلَّ ثَنَآئُكَ وَلَآ اِلٰهَ غَيْرُكَ ط

اَللّٰھُمَّ اِنِّیۡٓ اَعُوۡذُبِکَ مِنۡ شَرِّ نَفۡسِیۡ وَمِنۡ شَرِّ کُلِّ

شَیۡطَانٍ مَّرِیۡدٍ وَّمِنۡ شَرِّ کُلِّ جَبَّارٍ عَنِیۡدٍ فَاِنۡ

تَوَلَّوۡا فَقُلۡ حَسۡبِیَ اللّٰہُ لَآ اِلٰہَ اِلَّا ھُوَ عَلَیۡہِ

تَوَکَّلۡتُ وَھُوَ رَبُّ الۡعَرۡشِ الۡعَظِیۡمِ ○ اِنَّ وَلِیِّیَ

اللّٰہُ الَّذِیۡ نَزَّلَ الۡکِتَابَ وَھُوَ یَتَوَلَّی الصَّالِحِیۡنَ ○

ترجمہ: ''اللہ کا نام لیتا ہوں اپنے نفس پر اور اپنے دین پر، اللہ کا نام لیتا ہوں اپنے اہل وعیال اور مال پر، اللہ کا نام لیتا ہوں اس چیز پر جو اس نے مجھے عطا کی ہے، اللہ میرا رب ہے میں اس کے ساتھ کسی چیز کو شریک نہیں کرتا، اللہ سب سے بڑا ہے، اللہ سب سے بڑا ہے، اللہ سب سے بڑا ہے اور زیادہ عزت والا ہے اور زیادہ بڑا ہے ان چیزوں سے جن سے میں خوف زدہ رہتا ہوں اور اے اللہ تیری ثناء بڑی ہے اور تیرے سوا کوئی معبود نہیں، اے اللہ میں تجھ سے اپنے نفس کے شر سے پناہ مانگتا ہوں اور ہر شیطان مردود سے اور ہر ظالم دشمن کے شر سے پناہ مانگتا ہوں، اگر وہ پھر جائیں تو تم کہو میرا اللہ میرے لئے کافی ہے، اس کے سوا کوئی معبود

نہیں اسی پر بھروسہ کرتا ہوں ،اور وہ عرشِ عظیم کا مالک ہے۔
بے شک میرا ولی اللہ ہے جس نے کتاب کو نازل کیا اور وہی نیکوں کا والی ہے۔"

حفاظت کی دعا (تین مرتبہ پڑھیں)

فَاللّٰهُ خَيْرٌ حٰفِظًا ۖ وَّهُوَ اَرْحَمُ الرّٰحِمِيْنَ ○ [1]

ترجمہ: "بہتر حفاظت کرنے والا تو بس اللہ ہی ہے اور وہی سب مہربانوں سے زیادہ مہربان ہے۔"

ہر طرح کی قضاء اور مصیبت وآزمائش سے حفاظت کی دُعا

حضرت ابوہریرہ رضی اللہ عنہ سے روایت ہے کہ حضور اقدس صلی اللہ علیہ وآلہ وسلم نے ارشاد فرمایا کہ:

اَللّٰهُمَّ اِنِّیْٓ اَعُوْذُبِكَ مِنْ جَهْدِ الْبَلَاۤءِ وَدَرْكِ الشَّقَاۤءِ وَسُوْٓءِ الْقَضَاۤءِ وَشَمَاتَةِ الْاَعْدَاۤءِ

(سات مرتبہ)

ترجمہ: "اے لوگو! پناہ مانگو سخت آزمائش سے اور بدبختی کے پکڑ

---

[1] پارہ : ۱۳، سورۃ یوسف: ۶۴

لینے سے اور ہر اُس قضاء سے جو تمہارے لئے مضر ہو اور دشمنوں کے طعن و تشنیع سے۔''

جانے اور ان جانے تمام شرور سے اللہ تعالیٰ کی پناہ

اَللّٰھُمَّ اِنِّیْٓ اَعُوْذُبِكَ مِنْ شَرِّ مَا عَلِمْتُ وَمِنْ شَرِّ مَا لَمْ اَعْلَمْ [۱]

ترجمہ: ''اے اللہ! میں تیری پناہ لیتا ہوں ان چیزوں کی بُرائی سے جن کو میں جانتا ہوں اور ان چیزوں کی بُرائی سے جن کو میں نہیں جانتا۔''

کاموں کے بُرے نتیجے سے اللہ کی پناہ

اَللّٰھُمَّ اِنِّیْٓ اَعُوْذُبِكَ مِنْ شَرِّ مَا عَمِلْتُ وَمِنْ شَرِّ مَا لَمْ اَعْمَلْ [۲]

ترجمہ: ''اے اللہ! میں تیری پناہ چاہتا ہوں اس عمل کے بُرے نتیجے سے جو میں نے کیا ہے اور اس سے بھی جو میں نے نہیں کیا۔''

---

[۱] صحیح البخاری، القدر، باب من تعوذ باللہ۔۔۔، الرقم: ٦٦١٦

[۲] مسند احمد، حدیث عائشہ رضی اللہ عنہا: ٦ / ٢٥٧، الرقم: ٢٥٦٧٣

بُرا وقت، بُرے ساتھی اور بُرے پڑوسی سے اللہ تعالیٰ کی پناہ

اَللّٰهُمَّ اِنِّيْٓ اَعُوْذُبِكَ مِنْ يَوْمِ السُّوْٓءِ وَمِنْ لَّيْلَةِ السُّوْٓءِ وَمِنْ سَاعَةِ السُّوْٓءِ وَمِنْ صَاحِبِ السُّوْٓءِ وَمِنْ جَارِ السُّوْٓءِ فِيْ دَارِ الْمُقَامَةِ [1]

ترجمہ: ''اے اللہ! میں تیری پناہ لیتا ہوں بُرے دن سے، بُری رات سے اور ہر بُری گھڑی سے اور بُرے ساتھی سے اور (خصوصاً) اپنی سکونت کے گھر کے بُرے پڑوسی سے۔''

ناگہانی مصیبت سے بچاؤ کا نبوی نسخہ (تین مرتبہ پڑھیں)

ترجمہ حدیث: حضرت ابان بن عثمان رضی اللہ عنہ سے روایت ہے کہ میں نے اپنے والد کو کہتے سنا کہ رسول اللہ صلی اللہ علیہ وآلہٖ وسلم نے فرمایا جو بندہ صبح وشام تین تین مرتبہ یہ (نیچے دی ہوئی) دعا پڑھ لے گا اس کو کوئی چیز نقصان نہیں پہنچا سکتی۔ [2]

بِسْمِ اللّٰهِ الَّذِيْ لَا يَضُرُّ مَعَ اسْمِهٖ شَيْءٌ فِي

---

[1] فیض القدیر: ۲/ ۱۷۵، حرف الهمزة، الرقم: ۱۵۲۰

[2] مشکوٰۃ: صفحہ ۲۰۹

الْاَرْضِ وَلَا فِي السَّمَآءِ وَهُوَ السَّمِيْعُ الْعَلِيْمُ [۱]

ترجمہ: ''میں صبح وشام اس اللہ کا نام لیتا ہوں جس کے نام کی برکت سے زمین وآسمان میں کوئی چیز نقصان نہیں دے سکتی اور وہ اللہ سننے والا جاننے والا ہے۔''

ہر چیز سے حفاظت کی دعا

فضیلت: جو شخص ہر صبح وشام یہ دعا پڑھے اسے کوئی چیز نقصان نہیں پہنچا سکتی۔

اَعُوْذُ بِكَلِمَاتِ اللّٰهِ التَّآمَّاتِ مِنْ شَرِّ مَا خَلَقَ [۲]

ترجمہ: ''میں اللہ کے کامل اور پُر اثر کلمات کے ذریعے پناہ مانگتا ہوں ہر مخلوق کے شر سے۔''

❁❁❁❁❁❁

اَللّٰهُمَّ وَاقِيَةً كَوَاقِيَةِ الْوَلِيْدِ۔ [۳]

ترجمہ: ''اے اللہ اس طرح حفاظت فرما جیسے بچہ کی حفاظت فرماتا ہے۔''

---

۱ ترمذی، ابو داؤد

۲ صحیح مسلم

۳ الجامع الصغیر، بخاری فی التاریخ

آیت الکرسی اور سورۃ المؤمن کی ابتدائی آیتوں کی فضیلت

صبح وشام ایک مرتبہ آیۃ الکرسی اور سورۃ مؤمن کی یہ تین آیتیں پڑھنے والا تمام بلاؤں سے محفوظ رہے گا۔[1]

آیت الکرسی

اَللّٰهُ لَآ اِلٰهَ اِلَّا هُوَ ۚ اَلْحَیُّ الْقَیُّوْمُ ۚ لَا تَاْخُذُهٗ
سِنَةٌ وَّ لَا نَوْمٌ ؕ لَهٗ مَا فِی السَّمٰوٰتِ وَ مَا فِی
الْاَرْضِ ؕ مَنْ ذَا الَّذِیْ یَشْفَعُ عِنْدَهٗۤ اِلَّا بِاِذْنِهٖ ؕ
یَعْلَمُ مَا بَیْنَ اَیْدِیْهِمْ وَ مَا خَلْفَهُمْ ۚ وَ لَا
یُحِیْطُوْنَ بِشَیْءٍ مِّنْ عِلْمِهٖۤ اِلَّا بِمَا شَآءَ ۚ وَسِعَ
كُرْسِیُّهُ السَّمٰوٰتِ وَ الْاَرْضَ ۚ وَ لَا یَـُٔوْدُهٗ
حِفْظُهُمَا ۚ وَ هُوَ الْعَلِیُّ الْعَظِیْمُ ○[2]

---

[1] جامع الترمذی، فضائل القرآن، باب ماجاء فی سورۃ البقرۃ و آیۃ الکرسی، الرقم: ۲۸۷۹

[2] پارہ ۳: سورۃ البقرۃ: ۲۵۵

ترجمہ: ''اللہ وہ ہے جس کے سوا کوئی معبود نہیں، جو سدا زندہ ہے، جو پوری کائنات سنبھالے ہوئے ہے، جس کو نہ کبھی اونگھ لگتی ہے نہ نیند۔ آسمانوں میں جو کچھ ہے (وہ بھی) اور زمین میں جو کچھ ہے (وہ بھی) سب اُسی کا ہے۔ کون ہے جو اس کے حضور اس کی اجازت کے بغیر کسی کی سفارش کر سکے؟ وہ سارے بندوں کے تمام آگے پیچھے کے حالات کو خوب جانتا ہے اور وہ لوگ اُس کے علم کی کوئی بات اپنے علم کے دائرے میں نہیں لا سکتے، سوائے اُس بات کے جسے وہ خود چاہے۔ اس کی کرسی نے سارے آسمانوں اور زمین کو گھیرا ہوا ہے؛ اور ان دونوں (آسمان و زمین) کی نگہبانی سے اسے ذرا بھی بوجھ نہیں ہوتا اور وہ بڑا عالی مقام، صاحبِ عظمت ہے۔

سُوْرَۃُ الْمُؤْمِن کی ابتدائی تین آیات

حٰمٓ ۚ ﴿۱﴾ تَنْزِيْلُ الْكِتٰبِ مِنَ اللّٰهِ الْعَزِيْزِ
الْعَلِيْمِ ۙ ﴿۲﴾ غَافِرِ الذَّنْۢبِ وَ قَابِلِ التَّوْبِ شَدِيْدِ
الْعِقَابِ ۙ ذِي الطَّوْلِ ؕ لَآ اِلٰهَ اِلَّا هُوَ ؕ اِلَيْهِ
الْمَصِيْرُ ﴿۳﴾ [1]

[1] پارہ ۲۴: سورۃ المؤمن ۱۔۳

ترجمہ: ’’حٰمٓ ۔ یہ کتاب اس اللہ کی جانب سے اتری ہے جو (سب پر) غالب ہے۔ بہت وسیع علم والا ہے ۔(اپنے بندوں کے) گناہ بخشنے والا ہے اور توبہ قبول کرنیوالا ہے ۔(نافرمانوں کو) شدید عذاب دینے والا ہے بڑی قدرت والا ہے، اس کے سوا کوئی لائق عبادت نہیں اسی کی طرف (سب کو) لوٹ کر جانا ہے۔‘‘

شیاطین سے حفاظت کا نسخہ

اٰمَنْتُ بِاللّٰہِ، وَکَفَرْتُ بِالْجِبْتِ وَالطَّاغُوْتِ،
وَاسْتَمْسَکْتُ بِالْعُرْوَۃِ الْوُثْقٰی، لَاانْفِصَامَ لَھَا،
وَاللّٰہُ سَمِیْعٌ عَلِیْمٌ [1]

ترجمہ: ’’میں اللہ پر ایمان رکھتا ہوں اور بتوں، شیطانی قوتوں اور طاغوت کا انکار کرتا ہوں۔ میں نے اسلام کے اس مضبوط کڑے کو تھاما ہے جو کبھی نہیں ٹوٹ سکتا۔ اللہ تعالیٰ سننے والا جاننے والا ہے۔‘‘

جادو اور جنات سے حفاظت کا عمل

فضیلت: جو شخص سورۃ الاخلاص، سورۃ الفلق، سورۃ الناس، صبح وشام تین تین

[1] الھواتف لا بن ابی الدنیا، باب ھواتف الجن: ۱/ ۹۹

مرتبہ پڑھ لے وہ ہر بُرائی سے محفوظ رہے گا۔[1]

بِسْمِ اللّٰهِ الرَّحْمٰنِ الرَّحِيْمِ ○

قُلْ هُوَ اللّٰهُ اَحَدٌ ۝١ اَللّٰهُ الصَّمَدُ ۝٢ لَمْ يَلِدْ ۙ وَلَمْ يُوْلَدْ ۝٣ وَلَمْ يَكُنْ لَّهٗ كُفُوًا اَحَدٌ ۝٤

(تین مرتبہ)

ترجمہ: ’’آپ کہہ دیجیئے کہ اللہ ایک ہے، اللہ ہی بے نیاز ہے، اس کے اولاد نہیں اور نہ وہ کسی کی اولاد ہے اور نہ کوئی اس کے جوڑ کا ہے۔‘‘

بِسْمِ اللّٰهِ الرَّحْمٰنِ الرَّحِيْمِ ○

قُلْ اَعُوْذُ بِرَبِّ الْفَلَقِ ۝١ مِنْ شَرِّ مَا خَلَقَ ۝٢ وَمِنْ شَرِّ غَاسِقٍ اِذَا وَقَبَ ۝٣ وَمِنْ شَرِّ النَّفّٰثٰتِ فِي الْعُقَدِ ۝٤ وَمِنْ شَرِّ حَاسِدٍ اِذَا حَسَدَ ۝٥

(تین مرتبہ)

ترجمہ: ’’آپ کہہ دیجیئے کہ میں صبح کے مالک کی پناہ لیتا ہوں تمام مخلوق کی برائی سے اور اندھیری رات کی برائی سے جب وہ رات

---

[1] سنن ابی داؤد

آ جائے اور گرہوں میں پڑھ پڑھ کر پھونکنے والیوں کی برائی سے اور حسد کرنے والے کی برائی سے جب وہ حسد کرنے لگے۔''

بِسْمِ اللّٰهِ الرَّحْمٰنِ الرَّحِيْمِ ○

قُلْ اَعُوْذُ بِرَبِّ النَّاسِ ۙ﴿۱﴾ مَلِكِ النَّاسِ ۙ﴿۲﴾ اِلٰهِ النَّاسِ ۙ﴿۳﴾ مِنْ شَرِّ الْوَسْوَاسِ ۙ الْخَنَّاسِ ۙ﴿۴﴾ الَّذِىْ يُوَسْوِسُ فِىْ صُدُوْرِ النَّاسِ ۙ﴿۵﴾ مِنَ الْجِنَّةِ وَالنَّاسِ ﴿۶﴾ (تین مرتبہ)

ترجمہ: ''آپ کہہ دیجیئے کہ میں آدمیوں کے مالک، آدمیوں کے بادشاہ، آدمیوں کے معبود کی پناہ لیتا ہوں وسوسہ ڈالنے والے، پیچھے ہٹنے والے (شیطان) کی برائی سے جو لوگوں کے دلوں میں وسوسہ ڈالتا ہے، خواہ وہ (وسوسہ ڈالنے والا) جنّات میں سے ہو یا آدمیوں میں سے ہو۔''

آسیب و سحر وغیرہ سے حفاظت کا نبوی نسخہ (تین مرتبہ پڑھیں)

فضیلت: حضرت عبداللہ بن عمرو بن العاص رضی اللہ عنہ سے آپ صلی اللہ علیہ وسلم نے فرمایا کہ اگر تم نے اس (مذکورہ) دعا کو تین مرتبہ صبح کے وقت پڑھ لیا تو شام تک

شیطان، کاہن اور جادوگر کے ضرر سے محفوظ رہو گے۔ [1]

اَصْبَحْنَا وَاَصْبَحَ الْمُلْكُ لِلّٰهِ وَالْحَمْدُ كُلُّهُ لِلّٰهِ

اَعُوْذُ بِاللّٰهِ الَّذِیْ یُمْسِكُ السَّمَآءَ اَنْ تَقَعَ عَلَى

الْاَرْضِ اِلَّا بِاِذْنِهٖ مِنْ شَرِّ مَا خَلَقَ وَذَرَاَ مِنْ

شَرِّ الشَّیْطَانِ وَشِرْكِهٖ۔

ترجمہ: ''اللہ کے لئے ہم نے صبح کی اور پوری سلطنت نے صبح کی، تمام تعریف اللہ کے لئے ہے، پناہ لیتا ہوں اللہ کی جس نے آسمان کو روکے رکھا کہ وہ زمین پر گرے مگر اس کی اجازت سے مخلوق کی برائی سے اور جو پھیلی ہے اور شیطان کے شر اور اس کے شرک سے۔''

جادو سے حفاظت کا مجرب نسخہ

1. گیارہ مرتبہ درود شریف پڑھ لیجئے۔
2. سورۂ فاتحہ تین مرتبہ پڑھ لیجئے۔
3. چاروں قل تین تین مرتبہ پڑھ لیجئے۔
4. آیۃ الکرسی تین مرتبہ پڑھ لیجئے

---

[1] الدعاء ۹۵٤، ابن السنی ٦٦، مجمع ۱/ ۱۱۹

5 وَلَا يَئُودُهٗ حِفْظُهُمَا وَهُوَ الْعَلِيُّ الْعَظِيمُ ○
(۱۱ مرتبہ پڑھ لیجئے)

6 لَقَدْ جَآءَكُمْ رَسُوْلٌ مِّنْ اَنْفُسِكُمْ عَزِيْزٌ عَلَيْهِ
مَا عَنِتُّمْ حَرِيْصٌ عَلَيْكُمْ بِالْمُؤْمِنِيْنَ رَءُوْفٌ
رَّحِيْمٌ ﴿۱۲۸﴾ فَاِنْ تَوَلَّوْا فَقُلْ حَسْبِيَ اللّٰهُ لَآ اِلٰهَ اِلَّا
هُوَ عَلَيْهِ تَوَكَّلْتُ وَهُوَ رَبُّ الْعَرْشِ الْعَظِيْمِ ﴿۱۲۹﴾[1]
(۳ مرتبہ پڑھ لیجئے)

7 سَلٰمٌ قَوْلًا مِّنْ رَّبٍّ رَّحِيْمٍ ○ (۷ مرتبہ پڑھ لیجئے)

8 گیارہ مرتبہ درود شریف پڑھ لیجئے۔

اپنے بدن پر اور بچوں کے بدن پر دم کر لیجئے اور پانی پر دم کر کے پی لیجئے یا پلا دیجئے۔

نظر بد دور کرنے کا نبوی نسخہ

حضرت جبرئیل علیہ الصلوٰۃ والسلام نے نظرِ بد دور کرنے کا ایک خاص وظیفہ حضور اکرم صلی اللہ علیہ وآلہٖ وسلم کو سکھایا اور فرمایا کہ حضرت حسن و حضرت حسین رضی اللہ عنہما پر پڑھ کر دم کیا کریں۔

ابن عساکر میں ہے کہ جبرئیل علیہ السلام حضور صلی اللہ علیہ وآلہٖ وسلم کے پاس

---

[1] پارہ ۱۱: سورۃ التوبہ ۱۲۸ تا ۱۲۹

تشریف لائے آپ صلی اللہ علیہ وآلہ وسلم اس وقت غمزدہ تھے۔ سبب پوچھا تو فرمایا حسن اور حسین رضی اللہ عنہما کو نظر لگ گئی ہے۔ فرمایا یہ سچائی کے قابل چیز ہے نظر واقعی لگتی ہے۔ آپ نے یہ کلمات پڑھ کر انہیں پناہ میں کیوں نہ دیا؟ حضور صلی اللہ علیہ وآلہ وسلم نے پوچھا وہ کلمات کیا ہیں؟ فرمایا یوں کہہ دیں:

اَللّٰھُمَّ ذَا السُّلْطَانِ الْعَظِیْمِ وَالْمَنِّ الْقَدِیْمِ

ذَا الْوَجْہِ الْکَرِیْمِ وَلِیَّ الْکَلِمَاتِ التَّامَّاتِ

وَالدَّعَوَاتِ الْمُسْتَجَابَاتِ عَافِ الْحَسَنَ

وَالْحُسَیْنَ مِنْ اَنْفُسِ الْجِنِّ وَاَعْیُنِ الْاِنْسِ۔

ترجمہ: ”اے اللہ عظیم بادشاہت والے اے اللہ قدیم احسان والے اللہ، باعزت ذات والے اے اللہ، کامل باتوں کے والی، دعاؤں کو قبول کرنے والے حسن و حسین کو عافیت عطا فرمایئے جنّی و انسانی بدنگاہوں سے۔“

حضور صلی اللہ علیہ وآلہ وسلم نے یہ دعا پڑھی، وہیں دونوں بچے اٹھ کھڑے ہوئے اور آپ صلی اللہ علیہ وآلہ وسلم کے سامنے کھیلنے کودنے لگے۔ حضور صلی اللہ علیہ وآلہ وسلم نے فرمایا کہ لوگو! اپنی جانوں کو، اپنی بیویوں کو اور اپنی اولاد کو اسی پناہ کے ساتھ پناہ دیا کرو، اس

جیسی اور کوئی پناہ کی دعا نہیں ہے۔[1]

نوٹ: اَلْحَسَنَ وَالْحُسَیْنَ کی جگہ مریض کا نام لیں۔

صبح وشام کے اذکار، جادو، سحر، نظر بد سے حفاظت کے لئے

حضرت عثمان بن عفان رضی اللہ عنہ سے روایت ہے کہ انہوں نے رسول اللہ صلی اللہ علیہ وآلہ وسلم سے "لَهٗ مَقَالِیْدُ السَّمٰوٰتِ وَالْاَرْضِ" کی تفسیر پوچھی۔ آپ صلی اللہ علیہ وآلہ وسلم نے ارشاد فرمایا تم سے پہلے مجھ سے کسی نے اس کی تفسیر نہیں پوچھی اس کی تفسیر یہ کلمات ہیں:

لَا اِلٰهَ اِلَّا اللّٰهُ، سُبْحَانَ اللّٰهِ وَبِحَمْدِهٖ أَسْتَغْفِرُ اللّٰهَ وَلَا حَوْلَ وَلَا قُوَّةَ اِلَّا بِاللّٰهِ، اَلْاَوَّلُ وَالْاٰخِرُ وَالظَّاهِرُ وَالْبَاطِنُ، بِيَدِهِ الْخَيْرُ، يُحْيِيْ وَيُمِيْتُ وَهُوَ عَلٰى كُلِّ شَيْءٍ قَدِيْرٌ۔

ترجمہ: "اللہ تعالیٰ کے سوا کوئی معبود نہیں، اللہ تعالیٰ سب سے بڑے ہیں، اللہ تعالیٰ (ہر قسم کے نقص وعیب سے) پاک ہیں اور ان ہی کے لئے تمام تر تعریف ہے، میں اللہ تعالیٰ سے گناہوں کی

---

[1] تفسیر ابن کثیر: جلد ۵ صفحہ ۴۱۶

مغفرت طلب کرتا ہوں، گناہوں سے بچنے کی طاقت اور نیکی کرنے کی قوت اللہ تعالیٰ ہی کی مدد سے ہے جو سب سے پہلے بھی ہیں اور سب کے بعد بھی ہوں گے جو بالکل ظاہر ہیں جو نگاہوں سے اوجھل ہیں، تمام بھلائیاں اللہ تعالیٰ کے ہاتھ میں ہیں، وہی زندہ کرتے ہیں وہی مارتے ہیں اور وہ ہر چیز پر قادر ہیں۔''

فضیلت :''جو شخص صبح کے وقت دس مرتبہ یہ کلمات کہتا ہے تو اللہ تعالیٰ اس کو چھ انعامات عطا فرماتے ہیں۔ پہلا انعام یہ ہے کہ اس کی شیطان سے حفاظت کی جاتی ہے، دوسرا انعام ایک قنطار (خزانے) کے برابر اجر دیا جاتا ہے، تیسرا انعام جنت میں اس کا درجہ بلند کر دیا جاتا ہے،، چوتھا انعام حورِعین سے اس کی شادی کر دی جاتی ہے، پانچواں انعام بارہ ہزار فرشتے اس دعا کو لے کر اللہ تعالیٰ کے دربار میں حاضر ہوں گے، چھٹا انعام اس کو اس شخص کی طرح ثواب ملتا ہے جس نے توراۃ، انجیل، زبور اور قرآن پاک پڑھا ہو اور ساتواں اس کو اس شخص کی طرح ثواب ملتا ہے جس نے حج اور عمرہ کیا ہو اور اس کا حج اور عمرہ قبول بھی ہو گیا ہو، اگر وہ اس دن مر گیا تو اس پر شہداء کی مہر لگا دی جاتی ہے۔''

ہر قسم کی بیماریوں اور پریشانیوں سے نجات کی نہایت اکسیر دعاء

بِسْمِ اللّٰهِ الرَّحْمٰنِ الرَّحِيْمِ ○

اَلْحَمْدُ لِلّٰهِ رَبِّ الْعٰلَمِيْنَ ۝١ الرَّحْمٰنِ
الرَّحِيْمِ ۝٢ مٰلِكِ يَوْمِ الدِّيْنِ ۝٣ اِيَّاكَ نَعْبُدُ وَ
اِيَّاكَ نَسْتَعِيْنُ ۝٤ اِهْدِنَا الصِّرَاطَ الْمُسْتَقِيْمَ ۝٥
صِرَاطَ الَّذِيْنَ اَنْعَمْتَ عَلَيْهِمْ ۙ غَيْرِ الْمَغْضُوْبِ
عَلَيْهِمْ وَلَا الضَّآلِّيْنَ ۝٧

ترجمہ: ”ہر قسم کی تعریفیں اللہ ہی کے لیے ہیں جو تمام جہانوں کا پالنے والا ہے، بڑا مہربان نہایت رحم والا ہے۔ روزِ جزا کا مالک ہے، (اے اللہ!) ہم تیری ہی عبادت کرتے ہیں اور تجھ ہی سے مدد مانگتے ہیں، ہم کو سیدھے راستے پر چلا ایسے لوگوں کا راستہ جن پر تو نے انعام فرمایا ہے، نہ ان کے راستے پر جن پر تیرا غصہ ہوا اور نہ گمراہوں کے راستے پر چلا۔ آمین“

شیطانی اثرات سے حفاظت کی دعا

لَا اِلٰهَ اِلَّا اللّٰهُ وَحْدَهٗ لَا شَرِيْكَ لَهٗ لَهُ الْمُلْكُ وَلَهُ

اَلْحَمْدُ وَهُوَ عَلٰى كُلِّ شَىْءٍ قَدِيْرٌ ۔

ترجمہ: ''اللہ کے سوا کوئی معبود نہیں، وہ اکیلا ہے اس کا کوئی شریک نہیں، اسی کے لیے بادشاہت ہے اور اسی کے لیے سب تعریف ہے اور وہ ہر چیز پر قدرت رکھنے والا ہے۔''[1]

جو شخص صبح کے وقت سو (۱۰۰) مرتبہ یہ کلمات کہے تو:

1. اسے حضرت اسماعیل علیہ الصلوٰۃ والسلام کی اولاد میں سے ایک غلام آزاد کرنے کا ثواب ملتا ہے۔

2. ایک حدیث میں ہے کہ شام تک اس کی حفاظت ہوگی۔

3. اس کے لیے دس نیکیاں لکھی جاتی ہیں۔

4. اس کے دس گناہ معاف ہوتے ہیں۔

5. اس کے دس درجات بلند ہوتے ہیں۔

6. وہ شام تک شیطان کے اثرات سے محفوظ رہتا ہے۔

7. پورے دن ہر ناگوار اور ناپسندیدہ چیز سے محفوظ رہتا ہے اور جو یہ کلمات شام کو کہے تو صبح تک اس کے لیے ایسا ہی ہوتا ہے۔[2]

8. جو شخص نماز کے بعد یہ ذکر کرے اس کے گناہ سمندر کی جھاگ کے

---

[1] سنن أبی داؤد: ۵۰۸۸

[2] کنز العمال، الاول، الاذکار، باب ما یقال بعد صلاۃ الصبح: ۴ / ۶۶، ۶۵

برابر ہوں تو بھی معاف ہوجاتے ہیں۔[1]

ترمذی شریف میں ہے:

⑨ جو شخص ''وَلَهُ الْحَمْدُ'' کے بعد ''يُحْيِيْ وَيُمِيْتُ'' کے اضافہ کے ساتھ مغرب کی نماز کے بعد دس مرتبہ پڑھے گا، اللہ تعالیٰ اس کے لیے فرشتوں کی ایک جماعت بھیجیں گے جو اسلحہ کے ساتھ لیس ہوگی اور شیطان سے اس کی حفاظت کرے گی۔[2]

وَ اَلْقِ مَا فِیْ یَمِیْنِكَ تَلْقَفْ مَا صَنَعُوْا ؕ اِنَّمَا صَنَعُوْا كَیْدُ سٰحِرٍ ؕ وَ لَا یُفْلِحُ السّٰحِرُ حَیْثُ اَتٰى ﴿۶۹﴾ فَاُلْقِیَ السَّحَرَةُ سُجَّدًا قَالُوْۤا اٰمَنَّا بِرَبِّ هٰرُوْنَ وَ مُوْسٰى ○[3]

ترجمہ: ''اور جو (لاٹھی) تمہارے دائیں ہاتھ میں ہے، اُسے (زمین پر) ڈال دو، ان لوگوں نے جو کاریگری کی ہے وہ اُس

---

[1] صحیح مسلم :۱ / ۴۱۸

[2] جامع الترمذی ، الدعوات، باب فی تساقط الذنوب، الرقم: ۳۵۳۴

[3] پارہ ۱۶: سورہ طہ: ۶۹ تا ۷۰

سب کو نگل جائے گی۔ ان کی ساری کاریگری ایک جادوگر کے کرتب کے سوا کچھ نہیں اور جادوگر چاہے کہیں چلا جائے، اُسے فلاح نصیب نہیں ہوتی۔ چنانچہ (یہی ہوا اور) سارے جادوگر سجدے میں گرا دیئے گئے۔ کہنے لگے کہ: ہم ہارون اور موسیٰ کے رَبّ پر ایمان لے آئے۔''

❁❁❁❁❁❁

اَعُوْذُ بِوَجْهِ اللّٰهِ الْكَرِيْمِ وَبِكَلِمَاتِ اللّٰهِ التَّآمَّاتِ الَّتِيْ لَا يُجَاوِزُهُنَّ بَرٌّ وَّلَا فَاجِرٌ مِّنْ شَرِّ مَا يَنْزِلُ مِنَ السَّمَاءِ وَشَرِّ مَا يَعْرُجُ فِيْهَا وَشَرِّ مَا ذَرَأَ فِي الْأَرْضِ وَشَرِّ مَا يَخْرُجُ مِنْهَا وَمِنْ فِتَنِ اللَّيْلِ وَالنَّهَارِ وَمِنْ طَوَارِقِ اللَّيْلِ وَالنَّهَارِ اِلَّا طَارِقًا يَطْرُقُ بِخَيْرٍ يَا رَحْمٰنُ۔

ترجمہ: ''پناہ چاہتا ہوں اللہ کی کریم باعزت ذات کی اور اللہ کے کامل کلمات کی کہ جن سے کوئی نیک و بد تجاوز نہیں کرسکتا اور ان تمام

شرور سے جو آسمانوں سے نازل ہوتے رہتے ہیں اور اُن تمام شرور سے جو اُوپر آسمانوں پر چڑھتے ہیں اور اُن تمام شرور سے جو زمین میں پیدا ہوتے ہوں اور اُن تمام شرور سے جو زمین سے نکلتے ہوں، رات اور دن کے فتنوں سے، رات اور دن کے اوقات میں، گھر میں اُتر آنے والوں کے شر سے۔ مگر وہ آنے والا جو خیر اور بھلائی کے ارادے سے آئے۔ اے رحم کرنے والے۔“

❁❁❁❁❁❁

أَعُوذُ بِوَجْهِ اللهِ الْعَظِيمِ الَّذِي لَيْسَ شَيْءٌ أَعْظَمَ مِنْهُ وَبِكَلِمَاتِ اللهِ التَّامَّاتِ الَّتِي لَا يُجَاوِزُهُنَّ بَرٌّ وَّلَا فَاجِرٌ وَّ بِأَسْمَاءِ اللهِ الْحُسْنٰى كُلِّهَا مَا عَلِمْتُ مِنْهَا وَمَا لَمْ أَعْلَمْ مِنْ شَرِّ مَا خَلَقَ وَبَرَأَ وَذَرَأَ۔ [1]

ترجمہ: ”میں اللہ کی عظیم ذات کی پناہ مانگتا ہوں کہ جس سے کوئی چیز بڑی نہیں ہے (اور پناہ مانگتا ہوں) اللہ کے ان کامل تاثیر

[1] مؤطا امام مالک رحمہ اللہ

والے کلمات کی جن سے آگے نہیں بڑھتا ہے کوئی نیک اور نہ کوئی برا شخص (اور میں پناہ مانگتا ہوں) اللہ کے تمام اچھے ناموں کی جو مجھے معلوم ہیں اور جو مجھے معلوم نہیں ہیں ان تمام چیزوں کی برائی سے جو اس نے پیدا کیں اور ٹھیک بنائیں اور پھیلائیں۔''

❁❁❁❁❁❁

أَعُوذُ بِكَلِمَاتِ اللّٰهِ التَّآمَّاتِ مِنْ كُلِّ شَيْطَانٍ وَّهَآمَّةٍ وَّمِنْ كُلِّ عَيْنٍ لَّآمَّةٍ۔ [1]

ترجمہ: ''میں ہر شیطان اور موذی جاندار اور ہر نظر بد سے میں اللہ کے کامل اور پُر اثر کلمات کے ذریعے پناہ مانگتا ہوں۔''

❁❁❁❁❁❁

اَللّٰهُمَّ رَبَّ السَّمٰوَاتِ وَرَبَّ الْاَرْضِ وَرَبَّ الْعَرْشِ الْعَظِيْمِ رَبَّنَا وَرَبَّ كُلِّ شَيْءٍ فَالِقَ الْحَبِّ وَالنَّوٰى وَ مُنْزِلَ التَّوْرَاةِ وَالْاِنْجِيْلِ

[1] صحیح بخاری: ۱/۳۳۷

وَالْفُرْقَانِ، اَعُوْذُ بِكَ مِنْ شَرِّ كُلِّ شَیْءٍ اَنْتَ

اٰخِذٌ بِنَاصِيَتِهٖ، اَللّٰهُمَّ اَنْتَ الْاَوَّلُ فَلَيْسَ

قَبْلَكَ شَیْءٌ، وَاَنْتَ الْاٰخِرُ فَلَيْسَ بَعْدَكَ شَیْءٌ،

وَاَنْتَ الظَّاهِرُ فَلَيْسَ فَوْقَكَ شَیْءٌ، وَاَنْتَ

الْبَاطِنُ فَلَيْسَ دُوْنَكَ شَیْءٌ۔[1]

ترجمہ: ''اے اللہ! آسمانوں اور زمین کے رب اور عرش عظیم کے رب ہمارے اور تمام چیزوں کے رب، دانے اور گٹھلی کو پھاڑنے والے، توراۃ وانجیل اور فرقان نازل کرنے والے میں ہر اس چیز کے شر سے تیری پناہ چاہتا ہوں جس کی پیشانی تو پکڑے ہوئے ہے۔ اے اللہ! تو ہی اول ہے تجھ سے پہلے کوئی چیز نہیں، تو ہی آخر ہے، تیرے بعد کوئی چیز نہیں، تو ہی ظاہر ہے تجھ سے اوپر کوئی چیز نہیں۔ تو ہی باطن ہے تیرے سوا کوئی چیز نہیں۔''

---

[1] صحیح مسلم: ۶۸۸۹

جذام، جنون، اندھاپن، فالج سے موت تک حفاظت کے لئے

سُبْحَانَ اللّٰہِ الْعَظِیْمِ وَبِحَمْدِہٖ وَلَا حَوْلَ

وَلَا قُوَّۃَ اِلَّا بِاللّٰہِ۔ [1] (تین مرتبہ)

ترجمہ: ''اللہ تعالیٰ پاک ہیں اپنی حمد کے ساتھ عظمت والے ہیں نیکی کرنے اور برائی سے بچنے کی طاقت اللہ ہی کی طرف سے ہے۔

جسمانی بیماریوں سے نجات کی دعا

(رَبِّ) اَنِّیْ مَسَّنِیَ الضُّرُّ وَ اَنْتَ اَرْحَمُ

الرّٰحِمِیْنَ ○ [2]

ترجمہ: ''(اے میرے رب!) بیشک مجھے سخت تکلیف آ پہنچی ہے اور تو رحم کرنے والوں میں سب سے زیادہ رحم کرنے والا ہے۔''

تمام بُری بیماریوں سے بچاؤ

اَللّٰھُمَّ اِنِّیْ اَعُوْذُبِکَ مِنَ الْبَرَصِ وَالْجُنُوْنِ

[1] مجمع الزوائد

[2] پارہ ۱۷: سورۃ الانبیاء: ۸۳

وَالْجُذَامِ وَمِنْ سَیِّیءِ الْاَسْقَامِ [1]

ترجمہ: ''اے اللہ! میں آپ کی پناہ چاہتا ہوں برص سے، جنون (پاگل پن) سے اور جذام سے اور تمام بُری بیماریوں سے۔''

بیماری اور تنگدستی دور کرنے کا نبوی نسخہ

تَوَكَّلْتُ عَلَى الْحَيِّ الَّذِىْ لَا يَمُوْتُ، اَلْحَمْدُ لِلّٰهِ الَّذِىْ لَمْ يَتَّخِذْ وَلَدًا وَّلَمْ يَكُنْ لَّهٗ شَرِيْكٌ فِي الْمُلْكِ وَلَمْ يَكُنْ لَّهٗ وَلِيٌّ مِّنَ الذُّلِّ وَكَبِّرْهُ تَكْبِيْرًا۔

ترجمہ: ''میں اس زندہ ہستی پر بھروسہ کرتا ہوں جس پر کبھی موت طاری نہیں ہوگی۔ تمام خوبیاں اسی اللہ کے لئے ہیں جو نہ اولاد رکھتا ہے اور نہ اس کا کوئی سلطنت میں شریک ہے اور نہ کمزوری کی وجہ سے اس کا کوئی مددگار ہے اور اس کی خوب بڑائیاں بیان کیجئے۔''

---

[1] سنن ابی داؤد، الصلاۃ، باب الاستعاذۃ، الرقم: ۱۵۵٤

شیطانی مکر وفریب سے پناہ کی دعا

رَّبِّ اَعُوْذُ بِكَ مِنْ هَمَزٰتِ الشَّيٰطِيْنِ ﴿٩٧﴾ وَاَعُوْذُ

بِكَ رَبِّ اَنْ يَّحْضُرُوْنِ ﴿٩٨﴾ [1]

ترجمہ: ''اے میرے رب! میں شیطانی وسوسوں سے تیری پناہ چاہتا ہوں، اے میرے رب میں اس بات سے بھی پناہ چاہتا ہوں کہ وہ میرے قریب آئیں۔''

لوگوں کے شر سے حفاظت کی دعا

بہت سے لوگوں کو یہ پریشانی رہتی ہے کہ انسانوں سے تکلیف پہنچ رہی ہے پڑوسی، سسرال، رشتے دار وغیرہ۔ ان تمام لوگوں کی تکلیف سے بچنے، اسی طرح اللہ تعالیٰ کی ناراضگی اور شیطانی وسوسوں سے حفاظت کے لیے یہ بہترین دعا ہے:

اَعُوْذُ بِكَلِمَاتِ اللّٰهِ التَّآمَّاتِ مِنْ غَضَبِهٖ

وَعِقَابِهٖ وَشَرِّ عِبَادِهٖ وَمِنْ هَمَزَاتِ

---

[1] پارہ۱۸: سورہ المؤمنون: ۹۷۔ ۹۸

الشَّیَاطِیْنِ وَاَنْ یَّحْضُرُوْنِ۔[1]

ترجمہ: ''میں اللہ کے تمام کلمات کے ساتھ اس کے غضب، عذاب اور بندوں کے شر سے پناہ چاہتا ہوں اور شیطانوں کے وسوسوں اوراس سے کہ وہ میرے پاس حاضر ہوں۔''

مخالفین کے دباؤ کے وقت پڑھی جانے والی دعا

رَبِّ اَنِّیْ مَغْلُوْبٌ فَانْتَصِرْ ○[2]

ترجمہ: ''اے میرے رب! بیشک میں مغلوب ہو گیا ہوں، اب تو ہی (ان سے میرا) بدلہ لے۔''

بچوں کو یاد کروانے کی دعا

اس دعا کے پڑھنے کی وجہ سے رسول اللہ صلی اللہ علیہ وآلہٖ وسلم کو تکلیف پہنچانے کی نیت سے آنے والا جن منہ کے بل گر پڑا:

اَعُوْذُ بِكَلِمَاتِ اللهِ التَّآمَّاتِ الَّتِیْ لَا یُجَاوِزُ

هُنَّ بَرٌّ وَّلَا فَاجِرٌ مِّنْ شَرِّ مَا خَلَقَ وَذَرَاَ وَبَرَاَ

---

[1] جامع الترمذی، الدعوات، باب دعاء الفزع فی النوم، الرقم:۳۵۲۸

[2] پارہ ۲۷:سورۃ القمر ۱۰

وَمِنْ شَرِّ مَا يَنْزِلُ مِنَ السَّمَآءِ وَمِنْ شَرِّ مَا
يَعْرُجُ فِيهَا وَمِنْ شَرِّ مَا ذَرَأَ فِي الْأَرْضِ وَمِنْ
شَرِّ مَا يَخْرُجُ مِنْهَا وَمِنْ شَرِّ فِتَنِ اللَّيْلِ
وَالنَّهَارِ وَمِنْ شَرِّ كُلِّ طَارِقٍ إِلَّا طَارِقًا يَطْرُقُ
بِخَيْرٍ يَا رَحْمٰنُ۔ [1]

ترجمہ: ''میں اللہ کے ان تمام کلمات کے ساتھ پناہ چاہتا ہوں جن سے آگے نہ کوئی نیک اور نہ ہی کوئی بُرا شخص بڑھ سکتا ہے، ہر اس چیز کے شر سے جسے اس نے پیدا کیا اور پھیلایا اور اس چیز کے شر سے جو آسمان سے نازل ہوتی ہے اور جو اس میں چڑھتی ہے اور اس چیز کے شر سے جسے اس نے زمین میں پھیلایا اور پیدا کیا اور اس چیز کے شر سے جو زمین سے نکلتی ہے اور رات اور دن کے فتنوں کے شر سے اور رات کو آنے والے کے شر سے الّا یہ کہ وہ خیر کے ساتھ آئے اے نہایت رحم فرمانے والے!''

[1] السلسلة الصحيحة: ۸۴۰

اپنی کفایت کا نبوی نسخہ

فضیلت: جو شخص سورۃ بقرہ کی آخری دو آیتیں رات میں پڑھ لے تو اس کی کفایت ہو جائے گی۔[1]

اٰمَنَ الرَّسُوْلُ بِمَآ اُنْزِلَ اِلَیْهِ مِنْ رَّبِّهٖ وَ
الْمُؤْمِنُوْنَ ؕ كُلٌّ اٰمَنَ بِاللّٰهِ وَ مَلٰٓئِكَتِهٖ وَ كُتُبِهٖ وَ
رُسُلِهٖ ۟ لَا نُفَرِّقُ بَیْنَ اَحَدٍ مِّنْ رُّسُلِهٖ ۟ وَ قَالُوْا
سَمِعْنَا وَ اَطَعْنَا ۗ غُفْرَانَكَ رَبَّنَا وَ اِلَیْكَ
الْمَصِیْرُ ﴿۲۸۵﴾ لَا یُكَلِّفُ اللّٰهُ نَفْسًا اِلَّا وُسْعَهَا ؕ لَهَا
مَا كَسَبَتْ وَ عَلَیْهَا مَا اكْتَسَبَتْ ؕ رَبَّنَا لَا
تُؤَاخِذْنَآ اِنْ نَّسِیْنَآ اَوْ اَخْطَاْنَا ۚ رَبَّنَا وَ لَا تَحْمِلْ
عَلَیْنَآ اِصْرًا كَمَا حَمَلْتَهٗ عَلَى الَّذِیْنَ مِنْ قَبْلِنَا ۚ

[1] بخاری مع الفتح ۹ / ۹۴ و مسلم ۱، ۵۵۴

رَبَّنَا وَلَا تُحَمِّلْنَا مَا لَا طَاقَةَ لَنَا بِهٖ ۚ وَاعْفُ عَنَّا ۫ وَاغْفِرْ لَنَا ۫ وَارْحَمْنَا ۫ اَنْتَ مَوْلٰىنَا فَانْصُرْنَا عَلَى الْقَوْمِ الْكٰفِرِيْنَ ﴿۲۸۶﴾ [۱]

ترجمہ: ''رسول اس کتاب پر جو ان کے رب کی طرف سے ان پر نازل ہوئی ایمان رکھتے ہیں اور سب مومن بھی۔ سب اللہ پر اور اس کے فرشتوں پر اس کی کتابوں پر اور اس کے رسولوں پر ایمان رکھتے ہیں (اور کہتے ہیں) کہ ہم اس کے رسولوں میں سے کسی میں کچھ فرق نہیں کرتے اور وہ (اللہ سے) کہتے ہیں کہ ہم نے (تیرا حکم) سنا اور قبول کیا۔ اے ہمارے رب! ہم تیری بخشش مانگتے ہیں اور تیری طرف ہی لوٹ کر جانا ہے۔ اللہ کسی شخص کو اس کی طاقت سے زیادہ تکلیف نہیں دیتا جو اچھے کام کرے گا تو اس کو ان کا فائدہ ملے گا بُرا کرے گا تو اسے ان کا نقصان پہنچے گا۔ اے رب! اگر ہم سے بھول یا خطا ہوگئی ہو تو ہم سے مؤاخذہ نہ کرنا۔ اے ہمارے رب! ہم پر وہ بوجھ نہ ڈالنا جیسا تو نے ہم سے پہلے لوگوں پر ڈالا تھا۔ اے ہمارے رب! جتنا بوجھ اٹھانے کی ہم میں

[۱] پارہ ۳: سورۃ البقرہ ۲۸۵۔۲۸۶

طاقت نہیں اتنا ہمارے سر پر نہ رکھنا اور (اے رب!) ہمارے گناہوں سے درگزر کر اور ہمیں بخش دے اور ہم پر رحم فرما، تو ہی ہمارا مولیٰ ہے۔ پس کافر قوم کے خلاف ہماری مدد فرما۔"

درد والی جگہ پر ہاتھ رکھ کر یہ دعا پڑھیں

فائدہ: حدیث میں ہے جس جگہ درد ہو وہاں پر ہاتھ رکھ کر تین بار (بِسْمِ اللّٰہِ، بِسْمِ اللّٰہِ، بِسْمِ اللّٰہِ) کہہ کر سات مرتبہ (اَعُوْذُ بِاللّٰہِ وَ قُدْرَتِہٖ مِنْ شَرِّ مَا اَجِدُ وَ اُحَاذِرُ) پڑھے تو اللہ تعالیٰ صحت یاب کر دے گا۔

بِسْمِ اللّٰہِ اَعُوْذُ بِاللّٰہِ وَ قُدْرَتِہٖ مِنْ شَرِّ مَا اَجِدُ وَ اُحَاذِرُ۔

ترجمہ: "اللہ کے نام کے ساتھ میں اللہ تعالیٰ اور اس کی قدرت کی پناہ چاہتا ہوں، اس چیز کے شر سے جس کو میں پاتا ہوں اور جس سے میں ڈرتا ہوں۔" [1]

مریض پر دم کرتے ہوئے پڑھیں

اَذْهِبِ الْبَأْسَ رَبَّ النَّاسِ وَاشْفِ اَنْتَ الشَّافِیْ

[1] مسلم: ۲ / ۲۲۴۔ المشکوۃ: ۱ / ۱۳۴

لَا شِفَاءَ اِلَّا شِفَاؤُكَ شِفَاءً لَّا يُغَادِرُ سَقَمًا۔

ترجمہ: ''اے لوگوں کے رب! تکلیف کو دور کر دے اور شفا عطا فرما، تو ہی شفا دینے والا ہے، تیری شفا کے سوا کوئی شفا نہیں، ایسی شفا جو بیماری کو باقی نہ چھوڑے۔''[۱]

❁❁❁❁❁❁

اَسْاَلُ اللّٰهَ الْعَظِيْمَ رَبَّ الْعَرْشِ الْعَظِيْمِ

اَنْ يَّشْفِيَكَ۔ (سات بار)

ترجمہ: ''میں عظمت والے اللہ سے، عرش عظیم کے رب سے سوال کرتا ہوں کہ وہ تجھے شفاء دے۔''[۲]

❁❁❁❁❁❁

اِمْسَحِ الْبَأْسَ رَبَّ النَّاسِ بِيَدِكَ الشِّفَاءُ

لَا كَاشِفَ لَهٗ اِلَّا اَنْتَ۔

ترجمہ: ''اے لوگوں کے رب! تکلیف کو دور کر دے، تیرے ہاتھ

---

[۱] صحیح مسلم: ۵۷۰۷

[۲] سنن ابی داؤد: ۳۱۰۶

میں شفا ہے، تیرے سوا تکلیف کو دور کرنے والا کوئی اور نہیں ہے۔" [۱]

✿✿✿✿✿✿

بِسْمِ اللّٰهِ أَرْقِيْكَ مِنْ كُلِّ شَيْءٍ يُؤْذِيْكَ مِنْ

حَسَدِ حَاسِدٍ وَمِنْ كُلِّ عَيْنٍ، اَللّٰهُ يَشْفِيْكَ۔

ترجمہ: "میں اللہ کے نام کے ساتھ آپ کو دم کرتا ہوں ہر اس چیز سے جو آپ کو اذیت دے، ہر حسد کرنے والے کے حسد سے اور ہر بری نظر کے (شر) سے اللہ آپ کو شفا دے۔" [۲]

✿✿✿✿✿✿

بِاسْمِ اللّٰهِ يُبْرِيْكَ وَمِنْ كُلِّ دَاءٍ يَّشْفِيْكَ وَمِنْ

شَرِّ حَاسِدٍ إِذَا حَسَدَ وَشَرِّ كُلِّ ذِيْ عَيْنٍ۔

ترجمہ: "اللہ کے نام کے ساتھ جو آپ کو صحت عطا کرتا ہے، وہ ہر بیماری سے آپ کو شفا دے اور ہر حسد کرنے والے کے شر سے جب وہ حسد کرے اور ہر بری نظر کے شر سے۔" [۳]

---

[۱] صحیح البخاری: ۵۷۴۴

[۲] سنن ابن ماجه: ۳۵۲۷

[۳] صحیح مسلم: ۵۶۹۹

ہر مصیبت سے نجات کی دعا

لَآ اِلٰهَ اِلَّآ اَنْتَ سُبْحٰنَكَ ۖ اِنِّیْ كُنْتُ

مِنَ الظّٰلِمِیْنَ ۚ ﴿۸۷﴾

ترجمہ: ”(اے اللہ) تیرے سوا کوئی لائق عبادت نہیں ہے تو ہر قسم کے عیبوں سے پاک ہے بلاشبہ میں ہی قصوروار تھا (بس اب تو مجھے اس مصیبت سے نجات دے۔)“

ہر مصیبت سے نجات کے لئے، ہر تنگی کی دوری کے لئے، جہاں سے وہم وگماں نہ ہو وہاں سے روزی ملنے کے لئے

استغفار کثرت سے پڑھیں

رَّبِّ اغْفِرْ وَارْحَمْ وَاَنْتَ خَيْرُ الرّٰحِمِيْنَ ○[1]

ترجمہ: ”اے میرے رب مجھے بخش دے اور رحم فرما اور آپ سب رحم کرنے والوں سے بڑھ کر رحم کرنے والے ہیں۔“

[1] پارہ ۱۸: سورہ المومنون ۱۱۸

اللہ تعالیٰ سے معافی ومغفرت دلانے والی دعا

اَللّٰهُمَّ اِنَّكَ عَفُوٌّ كَرِيْمٌ تُحِبُّ الْعَفْوَ
فَاعْفُ عَنِّيْ۔

ترجمہ: ''اے اللہ آپ بہت زیادہ معاف فرمانے والے کریم ہیں، معاف فرمانے کو پسند فرماتے ہیں پس مجھ کو معاف فرما دیجئے۔

اَللّٰهُمَّ اغْفِرْلِيْ وَارْحَمْنِيْ وَعَافِنِيْ وَارْزُقْنِيْ
بِرَحْمَتِكَ يَاۤ اَرْحَمَ الرّٰاحِمِيْنَ۔ (ایک بار)

ترجمہ: ''اے میرے اللہ مجھ کو بخش دے مجھ پر رحم فرما اور مجھے عافیت نصیب فرما اور مجھے رزق عطا کر اپنی رحمت کے ساتھ اے سب رحم کرنے والوں سے بڑھ کر رحم کرنے والے۔

سُبْحٰنَكَ رَبِّ اِنِّيْ ظَلَمْتُ نَفْسِيْ فَاغْفِرْلِيْ فَاِنَّهٗ
لَا يَغْفِرُ الذُّنُوْبَ اِلَّاۤ اَنْتَ۔ [1]

[1] مشکوٰۃ شریف

ترجمہ: ''تو پاک ہے اے میرے رب بلاشبہ میں نے اپنی جان پر ظلم کیا تو مجھے بخش دے کیونکہ گناہوں کا بخشنے والا تیرے سوا کوئی نہیں۔''

اَللّٰھُمَّ اغْفِرْلِیْ وَارْحَمْنِیْ وَتُبْ عَلَیَّ اِنَّکَ

اَنْتَ التَّوَّابُ الرَّحِیْمُ [۱]

ترجمہ: ''اے اللہ مجھے بخش دے اور مجھ پر رحم کر اور میری توبہ قبول کر تو ہی بڑا توبہ قبول کرنے والا اور بڑا رحم والا ہے۔''

ہر شر سے بچنے کے لئے اور ہر خیر حاصل کرنے کے لئے (تین مرتبہ)

اَللّٰھُمَّ اِنِّیْ اَسْئَلُکَ مِنْ فُجَائَۃِ الْخَیْرِ وَاَعُوْذُبِکَ

مِنْ فُجَائَۃِ الشَّرِّ۔

ترجمہ: ''اے اللہ میں آپ سے اچانک کی بھلائی کا سوال کرتا ہوں اور اچانک کی برائی سے آپ کی پناہ مانگتا ہوں۔'' [۲]

ادائیگی قرض اور ہر پریشانی سے نجات کے لئے

فضیلت: حضرت ابوسعید خدری رضی اللہ عنہ سے روایت ہے کہ ایک شخص نے عرض

---

[۱] محمل الیوم واللیة، لابن السنی عن ابن عمررضی اللہ عنه۔

[۲] کتاب الاذکار

کیا''اے اللہ کے رسول مجھے گھیر لیا ہے غموں نے اور قرضوں نے یعنی کثرتِ قرض کی وجہ سے اور ادائیگی کی فکر سے پریشان ہوں''۔ حضور صلی اللہ علیہ وسلم نے فرمایا:''کیا میں تجھے ایسی دعا نہ بتادوں کہ جس کے پڑھنے سے اللہ تیرے غموں کو دور کر دے اور تیرے قرض کو ادا کرا دے''۔ عرض کیا کہ کیوں نہیں یعنی ضرور بتائیے۔ آپ صلی اللہ علیہ وسلم نے فرمایا کہ صبح وشام یوں دعا مانگا کرو:

اَللّٰهُمَّ اِنِّىْ اَعُوْذُبِكَ مِنَ الْهَمِّ وَالْحُزْنِ وَاَعُوْذُبِكَ مِنَ الْعَجْزِ وَالْكَسَلِ وَاَعُوْذُبِكَ مِنَ الْجُبْنِ وَالْبُخْلِ وَاَعُوْذُبِكَ مِنْ غَلَبَةِ الدَّيْنِ وَقَهْرِ الرِّجَالِ۔ (ایک مرتبہ)

ترجمہ: ''اے اللہ! میں آپ کی پناہ میں آتا ہوں فکر اور رنج سے اور میں آپ کی پناہ مانگتا ہوں کم ہمتی اور سستی سے اور پناہ چاہتا ہوں بزدلی اور بخیلی سے اور پناہ چاہتا ہوں قرض کے بوجھ اور لوگوں کے دبانے سے''۔ [۱]

---

[۱] رواہ ابو داؤد، مرقاۃ: جلد: ۵، صفحہ: ۲۱۷، مشکوٰۃ: صفحہ: ۲۱۵: باب الاستعاذہ

دنیا و آخرت کی بہتری کے لئے دعائیں (ایک مرتبہ پڑھیں)

فضیلت: حضرت بریدہ رضی اللہ عنہ سے روایت ہے کہ رسول صلی اللہ علیہ وسلم نے فرمایا کہ جو شخص مذکورہ دس کلمات کو صبح پڑھ لے تو اللہ تعالیٰ اس کے حق میں کافی اور کلمات پر اجر و ثواب دیتے ہوئے پائے گا۔ ؎

حَسْبِیَ اللّٰہُ لِدِیْنِیْ حَسْبِیَ اللّٰہُ لِمَاۤ اَھَمَّنِیْ حَسْبِیَ اللّٰہُ لِمَنْ بَغٰی عَلَیَّ حَسْبِیَ اللّٰہُ لِمَنْ حَسَدَنِیْ حَسْبِیَ اللّٰہُ لِمَنْ کَادَنِیْ بِسُوْٓءٍ، حَسْبِیَ اللّٰہُ عِنْدَ الْمَوْتِ حَسْبِیَ اللّٰہُ عِنْدَ الْمَسْئَلَۃِ فِی الْقَبْرِ حَسْبِیَ اللّٰہُ عِنْدَ الْمِیْزَانِ حَسْبِیَ اللّٰہُ عِنْدَ الصِّرَاطِ حَسْبِیَ اللّٰہُ لَاۤ اِلٰہَ اِلَّا ھُوَ عَلَیْہِ تَوَکَّلْتُ وَاِلَیْہِ اُنِیْبُ۔ اَللّٰھُمَّ اِنِّیْ اَسْئَلُکَ الْعَفْوَ وَالْعَافِیَۃَ وَالْمُعَافَاۃَ فِی الدُّنْیَا وَالْاٰخِرَۃِ۔

؎ درمنثور: جلد ۲: صفحہ ۱۰۳

ترجمہ: "کافی ہے اللہ مجھ کو میرے دین کے لئے۔ کافی ہے مجھ کو اللہ میرے کل فکر کے لئے۔ کافی ہے مجھ کو اللہ اس شخص کے لئے جو مجھ پر زیادتی کرے۔ کافی ہے مجھ کو اللہ اس شخص کے لئے جو مجھ پر حسد کرے۔ کافی ہے مجھ کو اللہ اس شخص کے لئے جو برائی کے ساتھ مجھے دھوکہ اور فریب دے۔ کافی ہے مجھ کو اللہ موت کے وقت۔ کافی ہے مجھ کو اللہ قبر میں سوال کے وقت۔ کافی ہے مجھ کو اللہ میزان کے پاس (یعنی اس ترازو کے پاس جس میں نامۂ اعمال کا وزن ہوگا)۔ کافی ہے مجھ کو اللہ پل صراط کے پاس۔ کافی ہے مجھ کو اللہ اس کے سوا کوئی معبود نہیں، میں نے اس پر توکل کیا اور میں اسی کی طرف رجوع ہوتا ہوں۔ اے اللہ! میں سوال کرتا ہوں آپ سے درگزر اور سلامتی اور ہر تکلیف سے بچاؤ کا دنیا اور آخرت میں۔"[1]

دین و دنیا کی نعمتوں کی التجاء

$$رَبَّنَاۤ اٰتِنَا فِی الدُّنْیَا حَسَنَةً وَّ فِی الْاٰخِرَةِ حَسَنَةً وَّ قِنَا عَذَابَ النَّارِ۝$$[2]

---

[1] مسند امام احمد بن حنبل: ج ۴: صفحہ ۱۸۱
[2] پارہ ۲: سورہ البقرہ ۲۰۱

ترجمہ: ''الٰہی! عطا فرما ہم کو دنیا میں بھلائی اور آخرت میں بھلائی اور بچائے رکھنا ہم کو آگ کے عذاب سے۔''

حضرت ابراہیم علیہ السلام کی دعا ہے

رَبِّ اجْعَلْنِیْ مُقِیْمَ الصَّلٰوۃِ وَمِنْ ذُرِّیَّتِیْ ۖ رَبَّنَا وَتَقَبَّلْ دُعَآءِ ○ رَبَّنَا اغْفِرْ لِیْ وَلِوَالِدَیَّ وَلِلْمُؤْمِنِیْنَ یَوْمَ یَقُوْمُ الْحِسَابُ ○[1]

ترجمہ: ''اے میرے رب! مجھ کو بھی نماز کا اہتمام کرنے والا رکھیئے اور میری اولاد میں سے بھی۔ اے ہمارے رب اور میری دعا قبول کیجئے۔ اے ہمارے رب! میری مغفرت کر دیجئے اور میرے ماں باپ کی بھی اور کل مومنین کی بھی، حساب قائم ہونے کے دن۔''

تمام کاموں میں اچھے انجام، دنیا کی رسوائی اور آخرت کے عذاب سے حفاظت کے لئے

اَللّٰھُمَّ اَحْسِنْ عَاقِبَتَنَا فِی الْاُمُوْرِ کُلِّھَا وَاَجِرْنَا

[1] پارہ ۱۳: سورہ ابراہیم: ۴۰-۴۱

مِنْ خِزْيِ الدُّنْيَا وَعَذَابِ الْاٰخِرَةِ۔

ترجمہ: ”اے اللہ! اچھا کیجیے ہمارا انجام سبھی کاموں میں اور پناہ دے ہم کو دنیا کی رسوائی اور آخرت کے عذاب سے۔“[۱]

جہنم سے چھٹکارے کی دعا

فضیلت: حضرت حارث رضی اللہ تعالیٰ عنہ سے روایت ہے کہ آپ صلی اللہ علیہ وآلہ وسلم نے میری طرف سرگوشی فرمائی اور فرمایا: ”جب تم نے یہ دعا مانگ لی اور (اگر) اسی رات تمہارا انتقال ہوا تو تمہارے لیے آگ سے چھٹکارا لکھا جائے گا اور جب تم فجر کی نماز پڑھ لو تب بھی یہی دعا مانگا کرو، اگر اس دن میں تمھارا انتقال ہو گیا تو تمہارے لیے جہنم سے چھٹکارا لکھ دیا جائے گا۔“[۲]

اَللّٰهُمَّ اَجِرْنِيْ مِنَ النَّارِ (سات مرتبہ)

ترجمہ: ”اے اللہ! مجھے جہنم سے نجات عطا فرما۔“

دن رات کی نعمتوں کا شکریہ اور نعمتوں میں اضافے کے لئے

اَللّٰهُمَّ مَآ اَصْبَحَ بِيْ مِنْ نِّعْمَةٍ اَوْ بِاَحَدٍ مِّنْ

---

[۱] مجمع الزوائد: جلد ۱۰: صفحہ ۱۷۸

[۲] سنن ابی داؤد، الادب، باب مایقول اذا اصبح، الرقم: ۵۰۷۹

خَلۡقِكَ فَمِنۡكَ وَحۡدَكَ لَا شَرِيۡكَ لَكَ فَلَكَ

الۡحَمۡدُ وَلَكَ الشُّكۡرُ۔ (ایک مرتبہ)

ترجمہ: ''اے اللہ صبح کے وقت جو بھی آپ کی نعمت مجھ پر ہے یا آپ کی مخلوق میں سے کسی ایک پر ہے وہ صرف آپ ہی کی طرف سے ہے، آپ کا کوئی شریک نہیں ہے اور آپ ہی کے لئے حمد ہے اور آپ کے لئے شکر ہے۔''[1]

شام کے وقت یہ دعا اس طرح مانگے:

اَللّٰهُمَّ مَآ اَمۡسٰى بِيۡ مِنۡ نِّعۡمَةٍ اَوۡ بِاَحَدٍ مِّنۡ

خَلۡقِكَ فَمِنۡكَ وَحۡدَكَ لَا شَرِيۡكَ لَكَ فَلَكَ

الۡحَمۡدُ وَلَكَ الشُّكۡرُ۔

ترجمہ: ''اے اللہ! شام کے وقت جو بھی آپ کی نعمت مجھ پر ہے یا آپ کی مخلوق میں سے کسی ایک پر ہے وہ صرف آپ ہی کی طرف سے ہے، آپ کا کوئی شریک نہیں ہے اور آپ ہی کے لئے حمد ہے

---

[1] ابو داؤد

اور آپ کے لئے شکر ہے۔''

حضور صلی اللہ علیہ وآلہٖ وسلم کے مبارک ہاتھوں جنت میں داخلہ کے لئے دعا

فضیلت ❶: جو شخص صبح کے وقت ایک مرتبہ یہ دعا پڑھ لے حضور صلی اللہ علیہ وآلہٖ وسلم اس کا ہاتھ پکڑ کر جنت میں داخل کرائیں گے۔[1]

فضیلت ❷: حضرت ثوبان رضی اللہ عنہ سے روایت ہے کہ حضور اقدس صلی اللہ علیہ وآلہٖ وسلم نے فرمایا: ''جو شخص تین تین بار صبح وشام اس دعا کو مانگے اللہ تعالیٰ کے ذمہ ہوگا کہ قیامت کے دن اس کو راضی کرے۔''[2]

رَضِيْتُ بِاللّٰهِ رَبًّا وَّبِالْاِسْلَامِ دِيْنًا وَّبِمُحَمَّدٍ صَلَّى اللّٰهُ عَلَيْهِ وَسَلَّمَ نَبِيًّا ○ (تین مرتبہ)

ترجمہ: ''ہم نے اللہ کو اپنا رب اور اسلام کو اپنا دین اور محمد صلی اللہ علیہ وآلہٖ وسلم کو اپنا نبی تسلیم کرلیا اور ہم اس پر راضی ہو گئے۔''[3]

دن اور رات کی بھلائیوں کی دعا

درج ذیل دعا میں دن اور رات کی سات بھلائیاں مانگی گئی ہیں:

---

[1] رواه الطبرانی

[2] جامع الترمذی، الدعوات، باب ماجاء فی الدعا اذا اصبح واذا امسی، الرقم: ۳۳۸۹

[3] رواه الترمذی

۱۔ آج کے دن کی بھلائی ۲۔ کامیابی ۳۔ فتح اور مدد

۴۔نور ۵۔ برکت ۶۔ ہدایت

۷۔ اس دن اور بعد کے دن میں جتنی برائیاں ہیں اس سے حفاظت مانگی گئی۔

اَصْبَحْنَا وَاَصْبَحَ الْمُلْكُ لِلّٰهِ رَبِّ الْعٰلَمِيْنَ، اَللّٰهُمَّ اِنِّيْٓ اَسْئَلُكَ خَيْرَ هٰذَا الْيَوْمِ فَتْحَهٗ وَنَصْرَهٗ وَنُوْرَهٗ وَبَرَكَتَهٗ وَهُدٰهُ وَاَعُوْذُبِكَ مِنْ شَرِّ مَافِيْهِ وَشَرِّ مَا بَعْدَهٗ [1]

ترجمہ: ''ہم نے اور سارے ملک نے اللہ رب العالمین کے لیے صبح کی۔ اے اللہ! میں آپ سے آج کے دن کی بہتری (اور بھلائی) اور آج کے دن کی فتح اور مدد اور اس دن کے نور و برکت اور ہدایت کا سوال کرتا ہوں اور آپ کی پناہ چاہتا ہوں ان چیزوں کے شر سے جو اس میں ہیں اور جو اس کے بعد ہوں۔''

[1] سنن ابی داؤد، الادب، باب مایقول اذا اصبح، الرقم: ٥٠٨٤

شام کے وقت یہ دعا اس طرح مانگیے:

اَمْسَیْنَا وَاَمْسَی الْمُلْكُ لِلّٰهِ رَبِّ الْعٰلَمِیْنَ،

اَللّٰھُمَّ اِنِّیْٓ اَسْئَلُكَ خَیْرَ ھٰذِهِ اللَّیْلَةِ فَتْحَھَا

وَنَصْرَھَا وَنُوْرَھَا وَبَرَكَتَھَا وَھُدٰھَا وَاَعُوْذُبِكَ

مِنْ شَرِّ ھٰذِهِ اللَّیْلَةِ مَا بَعْدَھَا [1]

ترجمہ: ”ہم نے اور ساری مخلوق نے اللہ کے لیے شام کی جو سارے جہانوں کا رب ہے۔ اے اللہ! میں آپ سے آج رات کی بہتری اس کی فتح اور مدد اور اس رات کے نور اور اس کی برکت اور ہدایت کا سوال کرتا ہوں اور آپ کی پناہ چاہتا ہوں اُن چیزوں کے شر سے جو اس میں ہیں اور جو اس کے بعد ہوں۔“

پورے دن کی بھلائیاں طلب کرنے کی دعا (ایک مرتبہ)

اَللّٰھُمَّ اجْعَلْ اَوَّلَ ھٰذَا النَّھَارِ صَلَاحًا وَّ

[1] سنن ابی داؤد، الادب، باب مایقول اذا اصبح، الرقم: ٥٠٨٤

أَوْسَطَهٗ نَجَاحًا وَّاٰخِرَهٗ فَلَاحًا يَّا اَرْحَمَ

الرَّاحِمِيْنَ[1]

ترجمہ: ''اے اللہ! آج کے دن کے اوّل حصے کو میرے حق میں بہتر بنا دے اور اس کے درمیانی حصہ کو کامیابی اور اس کے آخری حصہ کو فلاح کا ذریعہ بنا دے۔ اے سب رحم کرنے والوں سے بڑھ کر رحم کرنے والے۔''

آپ صلی اللہ علیہ وآلہ وسلم کی حضرت فاطمہ رضی اللہ عنہا کو وصیت

فضیلت: آپ صلی اللہ علیہ وآلہ وسلم نے حضرت فاطمہ رضی اللہ عنہا کو تاکیدًا وصیت کی تھی کہ بیٹی یہ دعا برابر پڑھتی رہنا۔[2]

يَا حَيُّ يَا قَيُّوْمُ بِرَحْمَتِكَ اَسْتَغِيْثُ اَصْلِحْ لِيْ

شَأْنِيْ كُلَّهٗ وَلَا تَكِلْنِيْ اِلٰى نَفْسِيْ طَرْفَةَ عَيْنٍ۔

ترجمہ: ''اے ہمیشہ زندہ رہنے والے، اے ہمیشہ قائم رہنے والے میں آپ سے آپ کی رحمت ہی کے ذریعہ مدد طلب کرتا ر

[1] ابن سنی، باب مایقول اذا اصبح، ۲۳، الرقم: ۳۸

[2] بیہقی

کرتی ہوں کہ میری حالت کو ٹھیک کر دیں اور مجھ کو ایک لمحہ کے لئے بھی میرے نفس کے سپرد مت کیجئے۔"

اللہ سے اس کی شان کے مطابق اجر لینے کا نبوی نسخہ

فضیلت: جب اللہ کا بندہ یہ دعا پڑھتا ہے تو اللہ تعالیٰ اپنی شان کے مطابق اجر دے گا۔[1]

يَارَبِّ لَكَ الْحَمْدُ كَمَا يَنْبَغِي لِجَلَالِ وَجْهِكَ وَعَظِيمِ سُلْطَانِكَ. (ایک بار پڑھیں)

ترجمہ: "اے میرے پروردگار! حقیقی تعریف آپ ہی کے لئے ہے جیسی تعریف آپ کی ذات کی بزرگی اور آپ کی عظیم سلطنت کے لائق ہو۔"[2]

شہادت کا مرتبہ حاصل کرنے کا نبوی نسخہ

(۲۵ مرتبہ دن رات میں کسی بھی وقت پڑھ لیجئے)

اَللّٰهُمَّ بَارِكْ لِي فِي الْمَوْتِ وَفِي مَا بَعْدَ الْمَوْتِ.[3]

---

[1] رواہ احمد و ابن ماجه ورجاله ثقات

[2] احمد، ابن ماجه

[3] مرقاۃ: جلد ۵: صفحه ۳۷۰

ترجمہ: ''اے اللہ مجھے موت میں برکت عطا فرما اور موت کے بعد جو ہونا ہے اس میں برکت عطا فرما۔''

فضیلت: حضرت عائشہ رضی اللہ عنہا نے حضور صلی اللہ علیہ وسلم سے دریافت کیا کہ کوئی شخص بغیر شہادت کے بھی شہیدوں کے ساتھ ہوسکتا ہے؟ آپ نے فرمایا کہ جو شخص دن رات میں ۲۵ مرتبہ اس دعا کو پڑھے تو شہادت کا درجہ ملے گا۔

فرشتوں کی دعا کے مستحق بننے اور وفات پر شہادت کا اجر ملنے کا نبوی نسخہ

ترجمہ حدیث: حضرت معقل ابن یسار رضی اللہ عنہ سے روایت ہے کہ نبی اکرم صلی اللہ علیہ وسلم نے فرمایا ''جو شخص تین مرتبہ اَعُوْذُ بِاللہِ السَّمِیْعِ الْعَلِیْمِ مِنَ الشَّیْطٰنِ الرَّجِیْمِ پڑھے اور اور پھر سورہ حشر کی آخری تین آیات ایک ایک بار پڑھے تو اللہ تعالٰی اس پر ستر ہزار فرشتے مقرر فرمادیتے ہیں جو شام تک اس کے لئے استغفار کرتے رہتے ہیں اور اگر اس دن اسے موت آگئی تو شہید مرے گا اور جو شام کو پڑھے تو اس کو بھی یہی درجہ حاصل ہوگا یعنی ستّر ہزار فرشتے صبح تک اس کے لئے استغفار کرتے رہیں گے اور اگر اس رات مر گیا تو شہید مرے گا۔'' ؂

اَعُوْذُ بِاللہِ السَّمِیْعِ الْعَلِیْمِ مِنَ الشَّیْطٰنِ الرَّجِیْمِ۔

(تین مرتبہ)

؂ مشکوٰۃ: صفحہ ۱۸۸

ترجمہ: ’’میں سب کچھ سننے اور جاننے والے اللہ کی پناہ لیتا ہوں شیطان مردود کے وسوسوں سے۔‘‘

سورۃ حشر کی آخری تین آیات (ایک مرتبہ)

هُوَ اللّٰهُ الَّذِیۡ لَاۤ اِلٰهَ اِلَّا هُوَ ۚ عٰلِمُ الۡغَیۡبِ وَ
الشَّهَادَةِ ۚ هُوَ الرَّحۡمٰنُ الرَّحِیۡمُ ﴿۲۲﴾ هُوَ اللّٰهُ
الَّذِیۡ لَاۤ اِلٰهَ اِلَّا هُوَ ۚ اَلۡمَلِكُ الۡقُدُّوۡسُ السَّلٰمُ
الۡمُؤۡمِنُ الۡمُهَیۡمِنُ الۡعَزِیۡزُ الۡجَبَّارُ الۡمُتَكَبِّرُ ؕ
سُبۡحٰنَ اللّٰهِ عَمَّا یُشۡرِكُوۡنَ ﴿۲۳﴾ هُوَ اللّٰهُ الۡخَالِقُ
الۡبَارِئُ الۡمُصَوِّرُ لَهُ الۡاَسۡمَآءُ الۡحُسۡنٰی ؕ یُسَبِّحُ
لَهٗ مَا فِی السَّمٰوٰتِ وَ الۡاَرۡضِ ۚ وَ هُوَ الۡعَزِیۡزُ
الۡحَكِیۡمُ ﴿۲۴﴾ ع [1]

ترجمہ: ’’وہ اللہ وہی ہے جس کے سوا کوئی معبود نہیں ہے، جو بادشاہ

[1] پارہ ۲۸: سورہ الحشر: ۲۲ تا ۲۴

ہے، تقدس کا مالک ہے، سلامتی دینے والا ہے۔ امن بخشنے والا ہے، سب کا نگہبان ہے، بڑے اقتدار والا ہے، ہر خرابی کی اصلاح کرنے والا ہے، بڑائی کا مالک ہے۔ پاک ہے اللہ اُس شرک سے جو یہ لوگ کرتے ہیں۔ وہ اللہ وہی ہے جو پیدا کرنے والا ہے، وجود میں لانے والا ہے، صورت بنانے والا ہے، اسی کے سب سے اچھے نام ہیں۔ آسمانوں اور زمین میں جتنی چیزیں ہیں وہ اُس کی تسبیح کرتی ہیں اور وہی ہے جو اقتدار کا بھی مالک ہے، حکمت کا بھی مالک ہے۔"

روزانہ ستائیس ۲۷ مرتبہ پڑھنے والا ایسے لوگوں میں شمار ہوگا جن کی دعائیں قبول کرلی جاتی ہیں

فضیلت: "حدیث شریف میں آیا ہے جو شخص دن میں 25 یا 27 مرتبہ تمام مومن مردوں اور مومن عورتوں کے لئے مغفرت کی دعا مانگے گا وہ اللہ تعالیٰ کے نزدیک ان مستجابُ الدعوات (جن کی دعائیں اللہ کے یہاں مقبول ہوتی ہیں) لوگوں میں شامِل ہو جائے گا جن کی دعاؤں سے زمین والوں کو رزق دیا جاتا ہے۔[1]

اَللّٰھُمَّ اغْفِرْ لِیْ وَلِلْمُؤْمِنِیْنَ وَالْمُؤْمِنَاتِ

[1] حصن حصین: ص ٧٩

وَالْمُسْلِمِیْنَ وَالْمُسْلِمَاتِ۔

ترجمہ: ”اے اللہ میری اور تمام مومن مردوں اور مومن عورتوں کی اور تمام مسلمان مردوں اور مسلمان عورتوں کی مغفرت فرما۔“

ایک مرتبہ پڑھنا ہزار نیکیوں کا ملنا

سُبْحَانَ اللّٰہِ ترجمہ: ”اللہ پاک ہے“

صحیح عقائد پر صبح وشام کرنے کی دعا (ایک مرتبہ)

صبح کے وقت یہ دعا اس طرح مانگے:

اَصْبَحْنَا عَلٰی فِطْرَۃِ الْاِسْلَامِ وَعَلٰی کَلِمَۃِ الْاِخْلَاصِ وَعَلٰی دِیْنِ نَبِیِّنَا مُحَمَّدٍ صَلَّی اللّٰہُ عَلَیْہِ وَسَلَّمَ وَعَلٰی مِلَّۃِ اَبِیْنَا اِبْرَاھِیْمَ حَنِیْفًا مُّسْلِمًا وَّمَا کَانَ مِنَ الْمُشْرِکِیْنَ۔ [1]

ترجمہ: ”ہم نے صبح کی فطرتِ اسلام پر کلمۂ اخلاص پر اور اپنے

[1] مسند احمد

نبی حضرت محمد صلی اللہ علیہ وآلہٖ وسلم کے دین پر اور اپنے باپ حضرت ابراہیم علیہ السلام کی ملت پر جو یکسو مسلمان تھے اور وہ مشرکوں میں سے نہیں تھے۔"

شام کے وقت یہ دعا اس طرح مانگیں:

اَمْسَيْنَا عَلٰى فِطْرَةِ الْاِسْلَامِ وَكَلِمَةِ الْاِخْلَاصِ وَعَلٰى دِيْنِ نَبِيِّنَا مُحَمَّدٍ صَلَّى اللّٰهُ عَلَيْهِ وَسَلَّمَ وَعَلٰى مِلَّةِ اَبِيْنَآ اِبْرٰهِيْمَ حَنِيْفًا مُّسْلِمًا وَّمَا كَانَ مِنَ الْمُشْرِكِيْنَ۔

ترجمہ: "ہم نے اسلام کی فطرت پر اور اسلام کے کلمہ پر اور اپنے محبوب نبی صلی اللہ علیہ وسلم کے دین پر اور اپنے جدّ امجد حضرت ابراہیم علیہ السلام کی ملّت پر شام کی وہ ابراہیم جو توحید کو اختیار کیے ہوئے تھے اور مسلمان تھے، مشرکین میں سے نہ تھے۔"

ہر دعا قبول کروانے کا وظیفہ

فضیلت: حضرت حسن بصری رحمۃ اللہ علیہ بیان کرتے ہیں کہ حضرت سمرہ بن جندب رضی اللہ عنہ نے فرمایا: "میں تم سے ایک حدیث نہ بیان کروں جو میں نے

حضور پاک صلی اللہ علیہ وآلہ وسلم سے کئی مرتبہ سنی ہے، اسی طرح حضرت ابوبکر صدیق رضی اللہ عنہ سے کئی مرتبہ سنی، اسی طرح حضرت عمر رضی رضی اللہ عنہ سے کئی بار سنی ہے؟'' میں نے کہا: ''جی ہاں ضرور بتائیں''۔

انھوں نے فرمایا: ''جو شخص ان کلمات کو صبح وشام پڑھے گا اللہ تعالیٰ اس کی ہر دعا کو قبول فرمائے گا''۔ راوی (سمرہ رضی اللہ عنہ) فرماتے ہیں: ''میں نے عبد اللہ بن سلام رضی اللہ عنہ سے ملاقات کی اور پوچھا: تم کو ایک حدیث نہ سناؤں جو میں نے حضور صلی اللہ علیہ وآلہ وسلم اور حضرت ابوبکر صدیق اور حضرت عمر رضی اللہ عنہما سے کئی مرتبہ سنی ہے؟'' انھوں نے کہا: ''ہاں (سنایئے)''۔ میں نے حدیث (مذکورہ) بیان کی تو انھوں نے کہا: ''اللہ کی قسم! میرے ماں باپ قربان ہو جائیں اللہ کے رسول پر! یہ وہی کلمات ہیں جو اللہ تعالیٰ نے حضرت موسیٰ علیہ السلام کو عطا کئے تھے وہ ہر روز سات مرتبہ ان کلمات کو پڑھتے تھے پھر جو بھی سوال کرتے تو اللہ تعالیٰ اسے پورا فرماتے۔'' وہ کلمات یہ ہیں:

اَللّٰهُمَّ اَنْتَ خَلَقْتَنِيْ وَاَنْتَ تَهْدِيْنِيْ وَاَنْتَ تُطْعِمُنِيْ وَاَنْتَ تَسْقِيْنِيْ وَاَنْتَ تُمِيْتُنِيْ وَاَنْتَ تُحْيِيْنِيْ۔ [1]

---

[1] مجمع الزوائد، الاذکار، باب مایقول اذا اصبح واذا امسی: ۱۰/۱۱۸، الرقم: ۱۵-۱۷

ترجمہ: ''اے اللہ! تو نے مجھے پیدا کیا اور تو مجھے ہدایت دیتا ہے اور تو ہی مجھے کھلاتا ہے اور مجھے پلاتا ہے اور تو ہی مجھے موت دیتا ہے اور تو ہی مجھے زندگی دیتا ہے۔''

سید الاستغفار (صبح وشام ایک بار)

فضیلت: حدیث میں ہے کہ جو شخص یہ دعا سید استغفار صبح کو صدقِ دل سے پڑھے گا پھر اسی دن شام سے پہلے مر جائے وہ شخص جنتی ہوگا اور جو رات کو پڑھے صبح سے پہلے مر جائے وہ جنتی ہوگا۔

اَللّٰهُمَّ اَنْتَ رَبِّيْ لَآ اِلٰهَ اِلَّا اَنْتَ خَلَقْتَنِيْ وَاَنَا عَبْدُكَ وَاَنَا عَلٰى عَهْدِكَ وَوَعْدِكَ مَا اسْتَطَعْتُ اَعُوْذُ بِكَ مِنْ شَرِّ مَا صَنَعْتُ اَبُوْءُ لَكَ بِنِعْمَتِكَ عَلَيَّ وَاَبُوْءُ بِذَنْبِيْ فَاغْفِرْ لِيْ فَاِنَّهٗ لَا يَغْفِرُ الذُّنُوْبَ اِلَّا اَنْتَ۔[1]

ترجمہ: ''اے اللہ! تو ہی میرا رب ہے، تیرے سوا کوئی معبود نہیں،

[1] صحیح البخاری: ٦٣٠٦

تو نے مجھے پیدا کیا اور میں تیرا بندہ ہوں اور میں اپنی طاقت کے مطابق تجھ سے کیے ہوئے عہد اور وعدے پر قائم ہوں، میں تیری پناہ چاہتا ہوں ہر برائی سے جو میں نے کی میں اپنے اوپر تیری عطا کردہ نعمتوں کا اعتراف کرتا ہوں اور اپنے گناہوں کا اعتراف کرتا ہوں۔ پس مجھے بخش دے، یقیناً تیرے سوا کوئی گناہوں کو بخش نہیں سکتا۔"

تمام گناہوں کے کفارہ کے لیے استغفار اگرچہ سمندر کی جھاگ کے برابر ہوں

فضیلت: جو شخص ان کلمات کے ذریعے اللہ تعالیٰ سے اپنے گناہوں کی معافی مانگتا رہے اللہ تعالیٰ اس کے گناہ معاف کردیتے ہیں اگرچہ سمندر کی جھاگ کے برابر ہوں۔

أَسْتَغْفِرُ اللّٰهَ الَّذِیْ لَآ اِلٰهَ اِلَّا هُوَ الْحَیُّ الْقَیُّوْمُ وَاَتُوْبُ اِلَیْهِ۔ [1] (تین مرتبہ)

ترجمہ: "میں اللہ تعالیٰ سے اپنے گناہوں کی معافی چاہتا ہوں وہ اللہ جس کے بغیر کوئی اور معبود نہیں ہے وہ زندۂ جاوید اور سب کو قائم

[1] مجمع الزوائد

رکھنے والا ہے اور میں اسی کی طرف رجوع کرتا ہوں۔‘‘

وساوسِ شیطانی سے حفاظت کا نبوی نسخہ (ایک بار پڑھیں)

اَللّٰهُمَّ فَاطِرَ السَّمٰوَاتِ وَالْاَرْضِ عَالِمَ الْغَيْبِ

وَالشَّهَادَةِ لَآ اِلٰهَ اِلَّا اَنْتَ رَبَّ كُلِّ شَيْءٍ

وَّمَلِيْكَهٗ اَعُوْذُبِكَ مِنْ شَرِّ نَفْسِيْ وَمِنْ شَرِّ

الشَّيْطَانِ وَشِرْكِهٖ وَاَنْ اَقْتَرِفَ عَلٰى نَفْسِيْ

سُوْٓءًا اَوْ اَجُرَّهٗ اِلٰى مُسْلِمٍ۔[1]

ترجمہ: ’’اے اللہ! آسمانوں اور زمین کے پیدا کرنے والے، چھپے اور کھلے کے جاننے والے، تیرے سوا کوئی معبود نہیں ہر چیز کا رب اور اس کا مالک ہے، میں تیری پناہ چاہتا ہوں اپنے نفس کے شر سے اور شیطان کے اور اس کے شرک کے شر سے اور یہ کہ میں اپنی جان کو کسی برائی میں ملوث کروں یا کسی دوسرے مسلمان کو اس کی طرف مائل کروں۔‘‘

---

[1] سنن الترمذی: ۳۵۲۹

ہر قسم کی عافیت کا نبوی نسخہ (صبح وشام ایک مرتبہ)

فضیلت: حضرت عبداللہ بن عمر رضی اللہ تعالیٰ عنہما فرماتے ہیں کہ آں حضرت صلی اللہ علیہ وآلہ وسلم صبح وشام ان الفاظ سے دعا مانگا کرتے تھے اور اس مبارک دعا کا معمول آخر عمر تک رہا۔ یہاں تک کہ آپ دنیا سے پردہ فرماگئے۔[1]

اَللّٰھُمَّ اِنِّیْ اَسْاَلُکَ الْعَافِیَۃَ فِی الدُّنْیَا وَالْاٰخِرَۃِ، اَللّٰھُمَّ اِنِّیْ اَسْاَلُکَ الْعَفْوَ وَالْعَافِیَۃَ فِیْ دِیْنِیْ وَدُنْیَایَ وَاَھْلِیْ وَمَالِیْ، اَللّٰھُمَّ اسْتُرْ عَوْرَاتِیْ وَاٰمِنْ رَوْعَاتِیْ، اَللّٰھُمَّ احْفَظْنِیْ مِنْ بَیْنِ یَدَیَّ وَمِنْ خَلْفِیْ وَعَنْ یَمِیْنِیْ وَعَنْ شِمَالِیْ وَمِنْ فَوْقِیْ وَاَعُوْذُ بِعَظَمَتِکَ اَنْ اُغْتَالَ مِنْ تَحْتِیْ۔[2]

ترجمہ: ”یا اللہ! میں آپ سے دنیا و آخرت میں عافیت مانگتا ہوں۔ یا اللہ! میں آپ سے معافی اور عافیت (دنیا و آخرت کے

---

[1] سنن ابی داؤد، الادب، باب مایقول اذا اصبح، الرقم: ٥٠٧٤

[2] سنن ابی داؤد۔: ۵۰۷۴

مصائب سے نجات) کا سوال کرتا ہوں اپنے دین میں بھی، اپنی دنیا میں بھی، اپنے گھر والوں کے لیے بھی اور اپنے مال کے لیے بھی۔ یا اللہ! میرے (تمام) عیبوں کی پردہ پوشی فرما اور میرے خوف اور پریشانی کو امن وامان سے بدل دے۔ یا اللہ! میرے سامنے سے بھی میری حفاظت کیجیے۔ میرے پیچھے سے بھی، دائیں سے بھی اور بائیں سے بھی اور اوپر سے بھی (کہ کوئی آفت آسمان سے بھی نہ آئے) اور میں آپ کی عظمت کی پناہ مانگتا ہوں اس بات سے کہ اپنے پیر تلے (زمین کے کسی عذاب سے) ہلاک کر دیا جاؤں (یعنی زلزلے سے)۔"

کلمات مختصر اور اجر بہت زیادہ (تین مرتبہ)

(حضور صلی اللہ علیہ وآلہ وسلم کا اپنی زوجہ مطہرہ حضرت جویریہ رضی اللہ عنہا کو تحفہ)

فضیلت ❶: اُمّ المؤمنین حضرت جویریہ رضی اللہ تعالیٰ عنہا ارشاد فرماتی ہیں:

ایک مرتبہ حضور صلی اللہ علیہ وسلم صبح جب کہ وہ اپنے مصلے پر تھیں ان کے ہاں سے نکل کر گئے۔ پھر چاشت کے بعد لوٹے اور حضرت جویریہ رضی اللہ تعالیٰ عنہا ابھی تک اسی حالت میں بیٹھی تھیں، حضور صلی اللہ علیہ وآلہ وسلم نے پوچھا: "تو ابھی تک اسی حالت پر ہے اپنی جگہ سے اُٹھی نہیں؟" انھوں نے کہا: "جی ہاں۔" حضور صلی اللہ علیہ وآلہ وسلم نے فرمایا: "میں نے تجھ سے جدا ہونے کے بعد یہ (نیچے دیئے

گئے) چار کلمات تین مرتبہ کہے، اگر ان کو ان تمام کلمات کے ساتھ جو تو نے آج کہے ہیں وزن کر دیا جائے تو وہ چار کلمات ان پر غالب ہو جائیں۔'' ⁱ

سُبْحَانَ اللّٰهِ وَبِحَمْدِهٖ عَدَدَ خَلْقِهٖ وَرِضٰی نَفْسِهٖ وَزِنَةَ عَرْشِهٖ وَمِدَادَ کَلِمَاتِهٖ۔ (تین مرتبہ)

ترجمہ: ''میں اللہ کی پاکی بیان (کرتا رکرتی) ہوں اس کی شان کے مناسب اور میں اللہ کی حمد بیان کرتا رکرتی ہوں اس کی کی ہوئی حمد کے ساتھ، اس کی مخلوق کی گنتی کے برابر اور اس کی اپنی خوشی کے برابر اور اس کے عرش کے وزن کے برابر اور اس کے کلمات کے برابر۔''

فضیلت ❷ : آں حضرت ﷺ نے حضرت ابو الدرداء رضی اللہ عنہ سے فرمایا: ''میں تمہیں ایک ایسی چیز بتاتا ہوں جو دن رات ذکر کرنے سے بہتر ہے''۔ وہ یہ ہے:

سُبْحَانَ اللّٰهِ عَدَدَ مَا خَلَقَ
وَسُبْحَانَ اللّٰهِ مِلْءَ مَا خَلَقَ

ⁱ صحیح مسلم، الذکر و الدعاء، باب التسبیح اول النھار، الرقم: ۲۷۲۶

وَ سُبْحَانَ اللّٰہِ عَدَدَ کُلِّ شَیْءٍ

وَ سُبْحَانَ اللّٰہِ مِلْءَ کُلِّ شَیْءٍ

وَ سُبْحَانَ اللّٰہِ عَدَدَ مَآ اَحْصٰی کِتَابُہٗ

وَ سُبْحَانَ اللّٰہِ مِلْءَ مَآ اَحْصٰی کِتَابُہٗ

وَالْحَمْدُ لِلّٰہِ عَدَدَ مَا خَلَقَ

وَالْحَمْدُ لِلّٰہِ مِلْءَ مَا خَلَقَ

وَالْحَمْدُ لِلّٰہِ عَدَدَ کُلِّ شَیْءٍ

وَالْحَمْدُ لِلّٰہِ مِلْءَ کُلِّ شَیْءٍ

وَالْحَمْدُ لِلّٰہِ عَدَدَ مَآ اَحْصٰی کِتَابُہٗ

وَالْحَمْدُ لِلّٰہِ مِلْءَ مَآ اَحْصٰی کِتَابُہٗ [1]

ترجمہ: ''اللہ کی تسبیح ہے ان چیزوں کے شمار کے برابر جو اس نے پیدا فرمائی ہیں۔

---

[1] حصن حصین، تسبیح و تحمید کی فضیلت: ۴۱۴

اللہ کی تسبیح ہے ان چیزوں کے بھر دینے کے برابر جو اس نے پیدا فرمائی ہیں۔

اللہ کی تسبیح ہے ہر چیز کی تعداد کے برابر۔

اللہ کی تسبیح ہے ہر چیز کے بھر دینے کے برابر۔

اللہ کی تسبیح ہے ہر اس چیز کی تعداد کے برابر جسے اس کی کتاب نے شمار کیا۔

اللہ کی تسبیح ہے ہر اس چیز کے بھر دینے کے برابر جسے اس کی کتاب نے شمار کیا۔

اور اللہ کے لیے سب تعریف ہے ان چیزوں کے شمار کے برابر جو اس نے پیدا فرمائی ہیں۔

اللہ کے لیے سب تعریف ہے ان چیزوں کے بھر دینے کے برابر جو اس نے پیدا فرمائی ہیں۔

اللہ کے لیے سب تعریف ہے ہر چیز کی تعداد کے برابر۔

اللہ کے لیے سب تعریف ہے ہر چیز کے بھر دینے کے برابر۔

اللہ کے لیے سب تعریف ہے ہر اس چیز کی تعداد کے برابر جسے اس کی کتاب نے شمار کیا۔

اللہ کے لیے سب تعریف ہے ہر اس چیز کے بھر دینے کے برابر جسے اس کی کتاب نے شمار کیا۔''

بے جا غُصّے اور گمراہ کُن فتنوں سے بچنے کی دعا

اہمیت: یہ دعا ہر اس شخص کو کثرت سے مانگنی چاہیے جس کو بے جا اور زیادہ غصہ آتا ہو۔

اَللّٰھُمَّ رَبَّ النَّبِیِّ مُحَمَّدٍ اغْفِرْلِیْ ذَنْبِیْ وَ اَذْھِبْ غَیْظَ قَلْبِیْ وَاَجِرْنِیْ مِنْ مُّضِلَّاتِ الْفِتَنِ مَآ اَحْیَیْتَنَا۔[1]

ترجمہ: ''اے اللہ! نبی محمد صلی اللہ علیہ وآلہ وسلم کے پروردگار! میرے گناہ بخش دے اور میرے دل سے غصے کی عادت نکال دے اور جب تک تو مجھے زندہ رکھے گمراہ کرنے والے فتنوں سے اپنی پناہ میں رکھ۔''

حضرت داؤد علیہ الصلوٰۃ والسلام کی ایک جامع دعا

فضیلت: حضرت کعب رضی اللہ تعالیٰ عنہ فرماتے ہیں کہ حضرت داؤد علیہ الصلوٰۃ والسلام ہر صبح وشام کو درج ذیل دعا تین مرتبہ مانگتے تھے:

اَللّٰھُمَّ عَالِمَ الْغَیْبِ وَالشَّھَادَۃِ اِعْصِمْنِیْ فِیْ

[1] مجمع الزوائد، التفسیر: ۷/ ۳۰، الرقم:۱۰۸۸۸

هٰذَا الْيَوْمِ مِنْ شَرِّ كُلِّ مُصِيْبَةٍ نَزَلَتْ مِنَ

السَّمَآءِ وَاجْعَلْنِيْ فِيْ كُلِّ خَيْرٍ يَّنْزِلُ مِنَ

السَّمَآءِ۔[1] (تین مرتبہ)

ترجمہ: ''اے چھپی اور کھلی چیزوں کے جاننے والے اللہ! آج کے دن آسمان سے جو مصیبت نازل ہو اس کے شر سے میری حفاظت فرما اور جو خیر (بھلائی) آسمان سے نازل ہو وہ مجھے عطا فرما۔''

حضور اقدس صلی اللہ علیہ وآلہ وسلم کی شفاعت کے لئے درود شریف پڑھئے

جیسے یہ مختصر مسنون درود شریف:

اَللّٰهُمَّ صَلِّ عَلٰى مُحَمَّدٍ وَّعَلٰى اٰلِ مُحَمَّدٍ[2] (دس مرتبہ)

ترجمہ: ''اے اللہ آپ محمد صلی اللہ علیہ وآلہ وسلم اور ان کی آل پر رحمت بھیجیں۔''

سب سے زیادہ فضیلت والا درود شریف وہ ہے جو نماز میں پڑھا جاتا ہے اسی کو اپنا معمول بنا لینا چاہیئے۔

---

[1] کتاب الدعاء للسیوطی:۲/ ۹۵۸

[2] صحیح نسائی

دنیا وآخرت کے کاموں پر کفایت کا نبوی نسخہ

فضیلت: جو شخص صبح وشام یہ دعا سات مرتبہ مانگے اللہ تعالیٰ اس کے لیے کافی ہو جاتے ہیں اور اس کے دنیا و آخرت کے تمام کاموں کی ذمہ داری خود لیتے ہیں۔ یہ آیت اتنی مؤثر ہے کہ پریشانی دور ہو جاتی ہے۔[1]

حَسْبِیَ اللّٰہُ لَآ اِلٰہَ اِلَّا ھُوَ ط عَلَیْہِ تَوَکَّلْتُ وَ ھُوَ رَبُّ الْعَرْشِ الْعَظِیْمِ ○[2] (سات مرتبہ پڑھیں)

ترجمہ: ”میرے لیے اللہ کافی ہے۔ اس کے سوا کوئی معبود نہیں، میں نے اس پر بھروسہ کیا اور وہ بڑے عرش کا مالک ہے۔“

نماز کے بعد ذکر اور دعائیں

❶ حضرت ثوبان رضی اللہ عنہ سے روایت ہے کہ نماز کے بعد اللہ کے رسول صلی اللہ علیہ وآلہٖ وسلم تین بار ”اَسْتَغْفِرُ اللّٰہ“ کہتے تھے اور یہ دعا پڑھتے تھے:

اَللّٰھُمَّ اَنْتَ السَّلَامُ وَمِنْكَ السَّلَامُ تَبَارَكْتَ

---

[1] سنن ابی داؤد، الادب، باب مایقول اذا اصبح، الرقم: ۵۰۸۱

[2] پارہ ۱۱: سورۃ التوبۃ ۱۲۹

يَا ذَا الْجَلَالِ وَالْإِكْرَامِ ⳹

ترجمہ: ''اے اللہ! تو (ہر عیب، نقص اور تغیّر و زوال سے) سالم و محفوظ ہے اور سلامتی تیرے ہی ہاتھ میں اور تیری ہی طرف سے ہے۔ تو بڑا برکت والا ہے اے بزرگی اور عزت والے!''

❷ حضرت معاذ ابن جبل رضی اللہ عنہ سے روایت ہے کہ آپ صلی اللہ علیہ وسلم نے ایک دن میرا ہاتھ پکڑ کر فرمایا کہ یقیناً میں تم سے پیار کرتا ہوں اور تمہیں وصیّت کرتا ہوں کہ کسی نماز کے بعد یہ دعا ہرگز نہ چھوڑنا:

اَللّٰهُمَّ اَعِنِّيْ عَلٰى ذِكْرِكَ وَشُكْرِكَ وَحُسْنِ عِبَادَتِكَ ⳻

ترجمہ: ''اے اللہ! مجھے اپنا ذکر، شکر اور بہت اچھی عبادت کی توفیق عطا فرما۔''

❸ مغیرہ بن شعبہ رضی اللہ عنہ سے روایت ہے کہ آپ صلی اللہ علیہ وسلم ہر نماز کے بعد یہ دعا پڑھا کرتے تھے:

لَآ اِلٰهَ اِلَّا اللهُ وَحْدَهٗ لَا شَرِيْكَ لَهٗ لَهُ الْمُلْكُ وَلَهُ

⳹ مسلم
⳻ احمد ابوداؤد

اَلْحَمْدُ وَهُوَ عَلٰى كُلِّ شَىْءٍ قَدِيْرٌ۔ اَللّٰهُمَّ لَا مَانِعَ لِمَا اَعْطَيْتَ وَلَا مُعْطِىَ لِمَا مَنَعْتَ وَلَا يَنْفَعُ ذَا الْجَدِّ مِنْكَ الْجَدُّ۔ ؎ا

ترجمہ: ''اللہ کے سوا کوئی عبادت کے لائق نہیں وہ اکیلا اور یکتا ہے اس کا کوئی شریک نہیں اسی کی حکومت اور فرماں روائی ہے اور وہی حمد و ستائش کا مستحق ہے اور ہر چیز پر اس کی قدرت ہے، اے اللہ! جو کچھ تو کسی کو دے کوئی اسے روک سکنے والا نہیں اور جس چیز کے نہ دینے کا تو فیصلہ کرے کوئی اسے دے سکنے والا نہیں اور کسی سرمایہ دار کو اس کا سرمایہ تجھ سے بے نیاز نہیں کر سکتا یعنی ہر شخص ہر وقت تیرے کرم کا محتاج ہے۔''

④ ابو امامہ رضی اللہ عنہ کہتے ہیں کہ آپ صلی اللہ علیہ وسلم نے ارشاد فرمایا کہ جس شخص نے ہر نماز کے بعد آیت الکرسی پڑھی تو اس کے اور جنت کے داخلہ میں تو صرف اس کی موت حائل ہے۔ کہ مرتے ہی جنت میں داخل ہوگا۔ ؎۲

⑤ حضرت ابو ہریرہ رضی اللہ عنہ سے روایت ہے کہ جس شخص نے ہر نماز کے

؎ا بخاری
؎۲ نسائی و طبرانی

بعد ۳۳ مرتبہ سُبْحَانَ اللہِ، ۳۳ مرتبہ اَلْحَمْدُ لِلہِ اور ۳۳ مرتبہ اَللہُ اَکْبَرُ پڑھا اور یہ ۹۹ مرتبہ ہوا اور یہ کلمہ: لَآ اِلٰہَ اِلَّا اللہُ وَحْدَہٗ لَا شَرِیْکَ لَہٗ لَہُ الْمُلْکُ وَلَہُ الْحَمْدُ وَھُوَ عَلٰی کُلِّ شَیْءٍ قَدِیْرٌ پڑھ کر سو کی گنتی پوری کر لی اس کے گناہ اگر سمندر کی جھاگ کے برابر بھی ہوئے تو بخش دیئے جائیں گے۔[1]

⑥ حضرت سعد بن ابی وقاص رضی اللہ عنہ کہتے ہیں کہ رسول اللہ صلی اللہ علیہ وآلہ وسلم ہر نماز کے بعد ان کلمات سے پناہ مانگتے تھے:

اَللّٰھُمَّ اِنِّیْ اَعُوْذُبِکَ مِنَ الْبُخْلِ وَ اَعُوْذُبِکَ مِنَ الْجُبْنِ وَاَعُوْذُبِکَ مِنْ اَنْ اُرَدَّ اِلٰی اَرْذَلِ الْعُمُرِ وَاَعُوْذُبِکَ مِنْ فِتْنَۃِ الدُّنْیَا وَاَعُوْذُبِکَ مِنْ عَذَابِ الْقَبْرِ۔[2]

ترجمہ: ”اے اللہ! میں بخل، بزدلی، ارذل العمر (بہت زیادہ عمر جس میں کوئی سوج بوجھ نہ ہو)، دنیا کے فتنہ اور آزمائش اور قبر کے عذاب سے تیری پناہ چاہتا ہوں۔“

(اور حضرت سعد رضی اللہ عنہ نے یہ دعا اپنی اولاد کو بھی سکھائی)۔

---

[1] مسلم
[2] البخاری

7 تین تین مرتبہ درج ذیل سورتیں پڑھیں:
سورۃ فاتحہ، آیۃ الکرسی، سورۃ اخلاص، سورۃ فلق اور سورۃ الناس۔

ذکر کے معمولات کی کمی کی تلافی کا نبوی نسخہ (ایک بار پڑھیں)

فضیلت: جو شخص یہ آیات مبارکہ صبح کے وقت تلاوت کرے اس کے دن کے ذکر کے معمولات کی کوتاہیوں کی تلافی ہو جائے گی اور جو شخص شام کو یہ کلمات کہے اس کے رات کے معمولات کی کوتاہیوں کی تلافی ہو جائے گی۔[1]

مسند کی حدیث میں ہے کہ حضور صلی اللہ علیہ وآلہ وسلم نے فرمایا میں تمہیں بتاؤں کہ اللہ تعالیٰ نے حضرت ابراہیم علیہ السلام کا نام خلیل وفادار کیوں رکھا؟ اس لئے کہ وہ صبح وشام ان کلمات کو تُظْهِرُوْنَ تک پڑھا کرتے تھے۔[2]

فَسُبْحٰنَ اللّٰهِ حِيْنَ تُمْسُوْنَ وَ حِيْنَ تُصْبِحُوْنَ ﴿۱۷﴾ وَلَهُ الْحَمْدُ فِي السَّمٰوٰتِ وَ الْاَرْضِ وَ عَشِيًّا وَّ حِيْنَ تُظْهِرُوْنَ ﴿۱۸﴾ يُخْرِجُ الْحَيَّ مِنَ الْمَيِّتِ وَ يُخْرِجُ الْمَيِّتَ مِنَ الْحَيِّ وَ يُحْيِ

---

[1] سنن ابی داؤد، الادب، باب مایقول اذا اصبح، الرقم: ۵۰۷۶

[2] ابن کثیر: ۴ / ۱۶۷

الْاَرْضَ بَعْدَ مَوْتِهَا ؕ وَكَذٰلِكَ تُخْرَجُوْنَ ۝١٩ ع ١ [1]

ترجمہ: ”پس (تم) پاکی بیان کرو اللہ کی جس وقت تم شام کرتے ہو اور جس وقت تم صبح کرتے ہو اور اسی کے لیے حمد وثنا ہے آسمانوں میں اور زمین میں اور (اس کی پاکی بیان کرو) سہ پہر کو اور جس وقت تم ظہر کرتے ہو (یعنی ظہر کے وقت) وہ جاندار کو بے جان سے نکالتا ہے اور بے جان کو جاندار سے نکالتا ہے اور زمین کو اس کے مرنے کے بعد زندہ کرتا ہے اور اسی طرح تم بھی (مرنے کے بعد) نکالے جاؤ گے۔“

جامع دعا

حضرت ابو امامہ رضی اللہ عنہ فرماتے ہیں کہ نبی اکرم صلی اللہ علیہ وآلہ وسلم نے بہت کثرت سے دعائیں مانگیں لیکن ہم چند لوگوں کو ان میں سے کچھ بھی یاد نہ رہیں۔ ہم نے عرض کیا: ”یا رسول اللہ صلی اللہ علیہ وآلہ وسلم! آپ نے بہت دعائیں مانگیں لیکن ہم کو ان میں سے کچھ بھی یاد نہیں“۔ آپ صلی اللہ علیہ وآلہ وسلم نے فرمایا: ”کیا میں تم سب کو ایسی دعا نہ بتا دوں جو ان سب دعاؤں کی جامع ہو۔ تم یوں کہا کرو کہ:

اَللّٰهُمَّ اِنِّیْٓ اَسْئَلُكَ مِنْ خَیْرِ مَا سَئَلَكَ مِنْهُ

[1] پارہ ۲۱: سورۃ الروم: ۱۷-۱۹

نَبِیُّكَ مُحَمَّدٌ صَلَّی اللّٰہُ عَلَیْهِ وَسَلَّمَ وَاَعُوْذُبِكَ

مِنْ شَرِّ مَا اسْتَعَاذَ مِنْهُ نَبِیُّكَ مُحَمَّدٌ صَلَّی اللّٰہُ

عَلَیْهِ وَسَلَّمَ وَاَنْتَ الْمُسْتَعَانُ وَعَلَیْكَ

الْبَلَاغُ وَلَا حَوْلَ وَلَا قُوَّةَ اِلَّا بِاللّٰہِ۔ [1]

ترجمہ: ''اے اللہ! میں آپ سے سوال کرتا ہوں ان تمام خیر کے کاموں کا جس کا سوال کیا آپ سے آپ کے نبی محمد صلی اللہ علیہ وآلہ وسلم نے اور میں آپ سے پناہ چاہتا ہوں اُس تمام شر سے جس سے پناہ چاہی آپ کے نبی محمد صلی اللہ علیہ وآلہ وسلم نے تو ہی وہ ذات ہے جس سے مدد مانگی جاتی ہے اور تیرا کام حق پہنچا دینا ہے اور اللہ کی مدد کے بغیر نہ کسی میں نیکی کرنے کی طاقت ہے اور نہ برائی سے بچنے کی قوت۔''

مندرجہ ذیل دعا تین مرتبہ پڑھ لیجئے آپ کے سارے گناہ معاف

فضیلت: ایک شخص آپ صلی اللہ علیہ وآلہ وسلم کے پاس آیا اس نے اپنے گناہوں پر افسوس کا اظہار کیا آپ صلی اللہ علیہ وآلہ وسلم نے فرمایا یہ دعا پڑھو:

---

[1] ترمذی: جلد ۲: صفحہ ۱۹۲

اَللّٰھُمَّ مَغْفِرَتُکَ اَوْسَعُ مِنْ ذُنُوْبِیْ وَرَحْمَتُکَ اَرْجٰی عِنْدِیْ مِنْ عَمَلِیْ۔[1]

ترجمہ: ''اے اللہ تیری مغفرت میرے گناہوں سے زیادہ وسعت والی ہے اور مجھے اپنے عمل سے زیادہ تیری رحمت کی امید ہے۔''

دو محبوب کلمے

فضیلت: ''یہ دونوں کلمے اللہ تعالیٰ کو بہت محبوب ہیں، زبان پر بہت ہلکے ہیں اور میزانِ عمل میں بہت وزنی ہوں گے۔''[2]

سُبْحَانَ اللّٰہِ وَبِحَمْدِہٖ سُبْحَانَ اللّٰہِ الْعَظِیْمِ

ترجمہ: ''پاک ہے اللہ تعالیٰ اور ساری حمد وثنا اسی کے لیے ہے، پاک ہے بڑی عظمت والا اللہ۔''

دس مرتبہ صبح وشام پڑھنے کا وظیفہ (بعد نماز فجر ومغرب)

لَآ اِلٰہَ اِلَّا اللّٰہُ وَحْدَہٗ لَا شَرِیْکَ لَہٗ لَہُ الْمُلْکُ وَلَہُ

---

[1] حیات الصحابہ: جلد ۲: صفحہ ۳۵۰

[2] صحیح البخاری

اَلْحَمْدُ يُحْيِي وَيُمِيْتُ وَهُوَ عَلٰى كُلِّ شَيْءٍ قَدِيْرٌ ○[۱]

ترجمہ: ”اس کے سوا کوئی معبود نہیں وہ اکیلا ہے اس کا کوئی شریک نہیں، اسی کا مُلک ہے اسی کی تعریف ہے، وہ زندہ کرتا ہے اور مارتا ہے اور وہ ہر چیز پر قادر ہے۔“

شرکِ خفی سے نجات دلانے والی دعا (تین بار)

ترجمہ حدیث: حضرت ابوبکر صدیق رضی اللہ عنہ سے روایت ہے کہ حضور اقدس صلی اللہ علیہ وآلہٖ وسلم نے فرمایا:

”شرک میری اُمت میں کالے پتھر پر چیونٹی کی رفتار سے زیادہ پوشیدہ ہے۔“[۲]

شرک بہت زیادہ مخفی ہوتا ہے کیونکہ وہ اندھیری رات میں کالے پتھر پر کالی چیونٹی کی رفتار سے بھی زیادہ خفیف ہے یعنی جس طرح اندھیری رات میں کالے پتھر پر کالی چیونٹی چلتی ہوئی نظر نہیں آئے گی اس سے زیادہ خفیہ طریقہ سے شرک قلب میں داخل ہوجاتا ہے اور اس سے بہت کم بچ پاتے ہیں، اُمت کے خاص لوگ بھی، پس ضعیف الایمان لوگوں کا کیا حال ہوگا۔[۳]

یہ سن کر حضرت ابوبکر صدیق رضی اللہ عنہ گھبرا گئے اور عرض کیا:

---

[۱] ترمذی

[۲] کنز الایمان: جلد ۲: صفحہ ۸۱٦

[۳] مرقاۃ: جلد ۱: صفحہ ۷۰

”فَكَيْفَ النَّجَاةُ وَالْمَخْرَجُ مِنْ ذَالِكَ ......اس سے نجات اور نکلنے کا کیا طریقہ ہے؟“

حضور صلی اللہ علیہ وآلہٖ وسلّم نے فرمایا ”کیا میں تجھے ایسی دعا نہ بتلادوں کہ جب تو اسے پڑھ لے تو بَرِئْتَ مِنْ قَلِيلِهٖ وَ كَثِيرِهٖ وَ صَغِيرِهٖ وَ كَبِيرِهٖ......تو قلیل شرک سے اور کثیر شرک سے چھوٹے شرک اور بڑے شرک سے نجات پا جائے۔“ حضرت صدیق اکبر رضی اللہ عنہ نے عرض کیا: ”ضرور بتایئے اے اللہ کے رسول صلی اللہ علیہ وآلہٖ وسلّم“ حضور اقدس صلی اللہ علیہ وآلہٖ وسلّم نے فرمایا کہ یوں دعا مانگا کرو:

اَللّٰهُمَّ اِنِّيْ اَعُوْذُبِكَ اَنْ اُشْرِكَ بِكَ وَاَنَا اَعْلَمُ وَاَسْتَغْفِرُكَ لِمَا لَا اَعْلَمُ۔[1]

ترجمہ: ”اے اللہ میں تیری پناہ میں آتا ہوں اس بات سے کہ میں آپ کے ساتھ جانتے ہوئے شرک کروں اور میں آپ سے بخشش مانگتا ہوں اس چیز سے جس کا مجھے کوئی علم نہیں ہے۔“

بدن کی عافیت کا نبوی نسخہ (تین مرتبہ پڑھیں)

اَللّٰهُمَّ عَافِنِيْ فِيْ بَدَنِيْ، اَللّٰهُمَّ عَافِنِيْ فِيْ سَمْعِيْ،

[1] کنز الایمان: جلد۲: صفحہ ۸۱۶

اَللّٰهُمَّ عَافِنِیْ فِیْ بَصَرِیْ لَآ اِلٰهَ اِلَّآ اَنْتَ۔ اَللّٰهُمَّ

اِنِّیْٓ اَعُوْذُبِكَ مِنَ الْكُفْرِ وَالْفَقْرِ اَللّٰهُمَّ اِنِّیْ

اَعُوْذُبِكَ مِنْ عَذَابِ الْقَبْرِ لَآ اِلٰهَ اِلَّآ اَنْتَ۔[1]

ترجمہ: ’’الٰہی میرے بدن میں عافیت عطا فرمایئے، الٰہی میرے کان میں سلامتی عطا فرمایئے، الٰہی میری آنکھ میں سلامتی عطا فرما۔ سوائے آپ کے کوئی معبود نہیں۔ اے اللہ میں کفر اور محتاجی سے تیری پناہ لیتا ہوں۔ اے اللہ میں قبر کے عذاب سے تیری پناہ لیتا ہوں۔ تیرے سوا کوئی معبود نہیں۔‘‘

دین وجان واولاد واہل وعیال ومال کی حفاظت کی دعا (تین مرتبہ)

بِسْمِ اللّٰهِ عَلٰی دِیْنِیْ وَنَفْسِیْ وَوَلَدِیْ

وَاَهْلِیْ وَمَالِیْ[2]

ترجمہ: ’’اللہ تعالیٰ کے نام کی برکت ہو میرے دین اور جان پر، میری اولاد اور اہل وعیال اور مال پر۔‘‘

---

[1] ابو داؤد

[2] كنز العمال: ۶۳۶ (۴۹۵۸)، فصل فی الأدعية المؤقتة، مؤسة الرسالة

الہامِ ہدایت اور نفس کے شر سے حفاظت کی دعا (تین مرتبہ)

حضرت عمران ابن حصین رضی اللہ عنہما سے روایت ہے کہ رسول اللہ صلی اللہ علیہ وآلہ وسلم نے میرے والد حصین رضی اللہ عنہ کو دعا کے یہ دو کلمے سکھائے جن کو وہ مانگا کرتے تھے:

اَللّٰهُمَّ أَلْهِمْنِيْ رُشْدِيْ وَأَعِذْنِيْ مِنْ شَرِّ نَفْسِيْ [1]

ترجمہ: ''اے اللہ ہدایت کی باتوں کو میرے دل میں ڈالتے رہیے اور میرے نفس کے شر سے مجھے بچاتے رہیے۔''

ہمیشہ کی عافیت نعمت باقی رہنے کی دعا (ایک مرتبہ)

حضرت عبداللہ ابن عمر رضی اللہ عنہما سے روایت ہے کہ حضور صلی اللہ علیہ وآلہ وسلم نے فرمایا:

اَللّٰهُمَّ اِنِّيْ اَعُوْذُبِكَ مِنْ زَوَالِ نِعْمَتِكَ وَتَحَوُّلِ عَافِيَتِكَ وَفُجَاءَةِ نَقْمَتِكَ وَجَمِيْعِ سَخَطِكَ [2]

ترجمہ: ''اے اللہ! میں آپ سے پناہ چاہتا ہوں نعمت کے زوال سے اور عافیت کے چھن جانے سے اور اچانک مصیبت کے آجانے سے اور آپ کی ہر ناراضگی سے۔''

---

[1] جامع الترمذی: ۲ / ۱۸۶، باب ماجاء فی جامع الدعوات، ایچ ایم سعید

[2] صحیح مسلم: ۲ / ۳۵۲، باب اکثر اهل الجنة الفقراء، ایچ ایم سعید

دین پر ثابت قدم رہنے کی دعا

حضرت شہر ابن حوشب رضی اللہ عنہ فرماتے ہیں کہ میں نے حضرت اُمّ سلمہ رضی اللہ عنہا سے عرض کیا کہ اے اُمّ المؤمنین! حضور صلی اللہ علیہ وآلہ وسلّم کی اکثر دعا کیا ہوتی تھی جب آپ گھر میں ہوتے تھے؟ حضرت اُمّ سلمہ رضی اللہ عنہا نے فرمایا کہ آپ صلی اللہ علیہ وآلہ وسلّم اکثر یہ دعا فرمایا کرتے تھے:

یَا مُقَلِّبَ الْقُلُوْبِ ثَبِّتْ قَلْبِیْ عَلٰی دِیْنِكَ [1]

ترجمہ: ”اے دلوں کو پھیرنے والے میرے دل کو دین پر قائم رکھیے۔“

حق کی اتباع اور باطل سے بچنے کی دعا

اَللّٰهُمَّ اَرِنَا الْحَقَّ حَقًّا وَّارْزُقْنَا اتِّبَاعَهٗ وَاَرِنَا الْبَاطِلَ بَاطِلًا وَّارْزُقْنَا اجْتِنَابَهٗ۔ [2] (ایک مرتبہ)

ترجمہ: ”اے اللہ حق کو حق دِکھا اور اُس پر عمل نصیب فرما اور باطل کو باطل دِکھا اور اُس سے بچنا نصیب فرما۔“

فائدہ: معلوم ہوا کہ حق کا ظاہر ہونا کافی نہیں اُس پر عمل بھی ضروری ہے، اگر

---

[1] جامع الترمذی : ۲ / ۳۶، باب ماجاء ان القلوب بین اصبعی الرحمن، ایچ ایم سعید

[2] تفسیر ابن کثیر: ۱ / ۲۹۲، المغنی عن حمل الاسفار للعراقی: ۲ / ۳۲۲

حق نظر آ گیا لیکن عمل نہیں کرتا تو مجرم ہو جائے گا۔اسی طرح باطل کا نظر آنا کافی نہیں اُس سے بچنا بھی ضروری ہے۔بعض دفعہ باطل یعنی بُرائی ظاہر ہو جاتی ہے، آدمی جانتا ہے کہ یہ بُری بات ہے، گناہ ہے لیکن اس سے نہیں بچتا، یہ بھی مجرم ہے۔کلامِ نبوت کی بلاغت ہے کہ مختصر جملوں میں اتنا بلیغ و جامع مضمون بیان فرما دیا۔جو اس دعا کو پڑھتا رہے گا اُسے اچھائی اور بُرائی کی تمیز رہے گی اور نیکی پر عمل اور بُرائی سے بچنے کی توفیق حاصل رہے گی۔

والدین کو ایصالِ ثواب کے لئے خاص دعا

علامہ عینی رحمۃ اللہ علیہ نے شرح بخاری میں ایک حدیث نقل کی ہے کہ جو شخص ایک مرتبہ مندرجہ ذیل دعا پڑھے اور اس کے بعد یہ دعا کرے کہ یا اللہ! اس کا ثواب میرے والدین کو پہنچا دے تو اس نے والدین کا حق ادا کر دیا۔

اَلْحَمْدُ لِلّٰهِ رَبِّ الْعٰلَمِيْنَ، رَبِّ السَّمٰوٰتِ وَرَبِّ
الْاَرْضِ رَبِّ الْعٰلَمِيْنَ، وَلَهُ الْكِبْرِيَآءُ فِي
السَّمٰوٰتِ وَالْاَرْضِ وَهُوَ الْعَزِيْزُ الْحَكِيْمُ، لِلّٰهِ
الْحَمْدُ رَبِّ السَّمٰوٰتِ وَرَبِّ الْاَرْضِ رَبِّ

الْعٰلَمِیْنَ، وَلَہُ الْعَظْمَۃُ فِی السَّمٰوٰتِ وَالْاَرْضِ

وَھُوَ الْعَزِیْزُ الْحَکِیْمُ، ھُوَ الْمَلِکُ رَبُّ السَّمٰوٰتِ

وَرَبُّ الْاَرْضِ وَرَبُّ الْعٰلَمِیْنَ، وَلَہُ النُّوْرُ فِی

السَّمٰوٰتِ وَالْاَرْضِ وَھُوَ الْعَزِیْزُ الْحَکِیْمُ۔ [۱]

ترجمہ: ”سب تعریفیں اللہ کے لئے ہیں جو تمام جہانوں کا مالک ہے آسمان وزمین اور جہانوں کا رب ہے۔ آسمان وزمین میں اسی کی بڑائی ہے اور وہ غالب حکمت والا ہے۔ حمد آسمان وزمین اور جہانوں کے رب کے لئے اسی کے لئے عظمت و بڑائی ہے آسمان و زمین میں اور وہ غالب حکمت والا ہے وہ بادشاہ ہے آسمان وزمین اور جہانوں کا مالک ہے اور اسی کا نور آسمانوں وزمین میں ہے اور وہ غالب حکمت والا ہے۔

آئینہ دیکھنے کی دعا

اَلْحَمْدُ لِلّٰہِ، اَللّٰھُمَّ کَمَا حَسَّنْتَ خَلْقِیْ

---

[۱] عمدۃ القاری: ۲ / ۱۷۶، کتاب الوضوء، دارالکتب العلمیۃ

فَحَسِّنْ خُلُقِيْ۔ [1]

ترجمہ: ''سب تعریف اللہ ہی کے لیے ہے، اے اللہ! جیسے تو نے میری صورت اچھی بنائی ہے میرے اخلاق بھی اچھے کر دے۔''

مشکل کام کی آسانی کے لئے

حَسْبُنَا اللّٰهُ وَنِعْمَ الْوَكِيْلُ ○ [2]

ترجمہ: ''ہمارے لئے اللہ کافی ہے اور وہ بہترین کارساز ہے۔''

اس کے پڑھنے والے کو قیامت کے دن نور عنایت ہوگا

رَبَّنَآ اَتْمِمْ لَنَا نُوْرَنَا وَاغْفِرْ لَنَاۚ اِنَّكَ عَلٰى كُلِّ شَيْءٍ قَدِيْرٌ ○ [3]

ترجمہ: ''اے ہمارے رب! ہمارے لیے نورِ (ہدایت) مکمل فرما اور ہمیں معاف فرما بے شک تو ہر چیز پر قادر ہے۔''

---

[1] عمل اليوم والليلة لابن السنی : ٦٣
[2] پارہ ٤: سورہ آل عمران: ١٧٣
[3] پارہ ٢٨: سورہ تحریم :٨

ماں باپ اور مؤمنوں کی مغفرت کی دُعا

رَبِّ اغْفِرْ لِيْ وَلِوَالِدَيَّ وَلِمَنْ دَخَلَ بَيْتِيَ

مُؤْمِنًا وَّلِلْمُؤْمِنِيْنَ وَالْمُؤْمِنٰتِ ط [۱]

ترجمہ: ''اے میرے رب میری میرے والدین کی اور جو ایمان کی حالت میں میرے گھر آئے اور مؤمن مردوں اور مؤمن عورتوں سب کی مغفرت فرما۔''

خاصیت: یہ حضرت نوح علیہ السلام کی دعا ہے۔ والدین کے لئے اور مؤمن مرد اور مؤمن عورتوں کے لئے اِس کی تاثیر دعا کرنے والے اور جس کے لئے دعا کی جائے ان دونوں کے حق میں برابر ہوتی ہے جیسا کہ حدیث مبارک سے ثابت ہے۔

❁❁❁❁❁❁

رَّبِّ اَعُوْذُ بِكَ مِنْ هَمَزٰتِ الشَّيٰطِيْنِ ﴿۹۷﴾ لا وَاَعُوْذُ

بِكَ رَبِّ اَنْ يَّحْضُرُوْنِ ﴿۹۸﴾ [۲]

---

[۱] پارہ ۲۹: سورہ نوح: ۲۸

[۲] پارہ ۱۸: سورہ المؤمنون: ۹۷-۹۸

ترجمہ: ''اے میرے رب میں شیطانوں کی چھیڑ سے تیری پناہ چاہتا ہوں اور اس سے بھی تیری پناہ چاہتا ہوں کہ وہ میرے پاس آئیں۔''

صالح اہل وعیال کی دُعا

رَبَّنَا هَبْ لَنَا مِنْ اَزْوَاجِنَا وَ ذُرِّيّٰتِنَا قُرَّةَ اَعْيُنٍ وَّ اجْعَلْنَا لِلْمُتَّقِيْنَ اِمَامًا ۝[1]

ترجمہ: ''اے ہمارے پروردگار! ہم کو ہماری بیبیوں اور ہماری اولاد کی طرف سے آنکھوں کی ٹھنڈک (یعنی راحت) عطا فرما اور ہمیں متقی لوگوں کا امام اور پیشوا بنا دے۔''

طلب رزق کی دعا

حضرت موسیٰ علیہ السلام بے سروسامانی کی حالت میں اسے پڑھ کر حضرت شعیب علیہ السلام کے مہمان اور داماد ہوئے۔

رَبِّ اِنِّيْ لِمَآ اَنْزَلْتَ اِلَيَّ مِنْ خَيْرٍ فَقِيْرٌ ۝[2]

ترجمہ: ''اے میرے پروردگار! تو جو نعمت بھی مجھے عطا فرمائے گا

---

[1] پارہ۱۹: سورہ الفرقان: ۷۴

[2] پارہ ۲۰: سورہ القصص : ۲۴

میں اس کا حاجت مند ہوں۔"

تکلیف کے وقت یہ دعا پڑھیں

ابن عباس رضی اللہ عنہ سے روایت ہے کہ رسول اللہ صلی اللہ علیہ وآلہ وسلم تکلیف کے وقت میں یہ دعا پڑھا کرتے تھے۔

لَا اِلٰهَ اِلَّا اللّٰهُ رَبُّ السَّمٰوَاتِ وَرَبُّ الْاَرْضِ وَرَبُّ الْعَرْشِ الْكَرِيْمِ۔[1]

ترجمہ: "اللہ کے بغیر کوئی عبادت کے لائق نہیں جو آسمانوں وزمین اور عرشِ کریم کا مالک ہے۔"

❁❁❁❁❁❁

اَللّٰهُمَّ اجْعَلْ فِيْ قَلْبِيْ نُوْرًا وَّفِيْ بَصَرِيْ نُوْرًا وَّفِيْ سَمْعِيْ نُوْرًا وَّعَنْ يَّمِيْنِيْ نُوْرًا وَّعَنْ يَّسَارِيْ نُوْرًا وَّفَوْقِيْ نُوْرًا وَّتَحْتِيْ نُوْرًا وَّاَمَامِيْ نُوْرًا

[1] صحیح بخاری و مسلم

وَّخَلْفِیْ نُوْرًا وَّاجْعَلْ لِّیْ نُوْرًا ۔

ترجمہ: ''اے اللہ! میرے دل میں، میری بینائی میں اور سماعت میں نور بھر دے، میرے دائیں اور بائیں جانب روشنی پھیلا دے اور میرے اوپر اور میرے نیچے نور کر دے اور میرے آگے اور میرے پیچھے نور کر دے اور میرے لئے نور مقرر کر دے۔''

فائدہ: رسول کریم ﷺ فجر کی سنتوں کے بعد اور سجدہ میں بھی پڑھتے تھے اور یہ بہت بہترین دعا ہے۔

❋ ❋ ❋ ❋ ❋ ❋

اَللّٰهُمَّ اِنِّیْ عَبْدُكَ وَابْنُ عَبْدِكَ وَابْنُ اَمَتِكَ نَاصِيَتِیْ بِيَدِكَ مَاضٍ فِیَّ حُكْمُكَ عَدْلٌ فِیَّ قَضَآؤُكَ اَسْأَلُكَ بِكُلِّ اسْمٍ هُوَلَكَ سَمَّيْتَ بِهٖ نَفْسَكَ اَوْ اَنْزَلْتَهٗ فِیْ كِتَابِكَ اَوْ عَلَّمْتَهٗ اَحَدًا مِّنْ خَلْقِكَ اَوِاسْتَأْثَرْتَ بِهٖ فِیْ عِلْمِ الْغَيْبِ

بخاری:٢/ ٢٣٥ ـ مسلم:١/ ٢٢٦

عِنۡدَكَ اَنۡ تَجۡعَلَ الۡقُرۡاٰنَ الۡعَظِيۡمَ رَبِيۡعَ قَلۡبِيۡ وَنُوۡرَ بَصَرِيۡ وَجِلَآءَ حُزۡنِيۡ وَذَهَابَ هَمِّيۡ۔

ترجمہ: ''یا اللہ میں بندہ ہوں اور بیٹا ہوں تیرے بندہ کا اور بیٹا ہوں تیری بندی کا، ہمہ تن تیرے قبضہ میں ہوں نافذ ہے میرے بارے میں تیرا حکم۔ عین عدل ہے میرے باب میں تیرا فیصلہ۔ میں تجھ سے ہر اس اسم کے واسطہ سے جس سے تو نے اپنی ذات کو موصوف کیا ہے یا اس کو اتارا ہے اپنی کتاب میں یا اسے بتایا ہے کسی کو اپنی مخلوق میں سے یا اپنے پاس اسے غیب ہی میں رہنے دیا ہے، یہ کہ میں درخواست کرتا ہوں کہ قرآن عظیم کو میرے دل کی بہار بنادے اور میری آنکھ کا نور اور میرے غم کی کشائش اور میری تشویش کا دفعیہ۔''

ظالموں کے ظلم اور دشمنوں کے شر سے حفاظت کی دعا

اَللّٰهُمَّ اِنَّا نَجۡعَلُكَ فِيۡ نُحُوۡرِهِمۡ وَنَعُوۡذُبِكَ مِنۡ شُرُوۡرِهِمۡ۔ [1]

---

[1] سنن ابی داؤد، الصلاۃ، باب مایقول الرجل، الرقم: ۱۵۳۷

ترجمہ: ''اے اللہ ہم تجھے ان (دشمنوں) کے مقابلے میں (اپنے لئے) ڈھال بناتے ہیں اور ان کی برائیوں سے تیری پناہ لیتے ہیں۔''

کسی کو مصیبت میں دیکھیں تو یہ دعا پڑھیں (مگر آہستہ)

اَلْحَمْدُ لِلّٰہِ الَّذِیْ عَافَانِیْ مِمَّا ابْتَلَاکَ بِہٖ
وَفَضَّلَنِیْ عَلٰی کَثِیْرٍ مِّمَّنْ خَلَقَ تَفْضِیْلًا۔[1]

ترجمہ: ''سب تعریف اللہ کے لیے ہے جس نے مجھے اس حال سے بچایا جس میں تجھے مبتلا کیا اور اس نے اپنی بہت سی مخلوق پر مجھے فضیلت دی۔''

شیطانی وسوسوں سے بچاؤ اور خاتمہ بالخیر کی دعا

رَبَّنَا لَا تُزِغْ قُلُوْبَنَا بَعْدَ اِذْ ھَدَیْتَنَا وَ ھَبْ لَنَا
مِنْ لَّدُنْکَ رَحْمَةً ۚ اِنَّکَ اَنْتَ الْوَھَّابُ ○[2]

ترجمہ: ''اے ہمارے رب! جب تو نے ہمیں ہدایت بخشی ہے تو

---

[1] ترمذی

[2] پارہ ۳: سورہ آلِ عمران: ۸

اس کے بعد ہمارے دلوں میں کجی نہ پیدا کر دینا اور ہمیں اپنے ہاں سے نعمت عطا فرما بے شک تُو بڑا عطا فرمانے والا ہے۔''

شکر اور نیک اعمال کی توفیق

یہ حضرت سلیمان علیہ السلام کی دعا ہے۔

رَبِّ اَوْزِعْنِیْٓ اَنْ اَشْکُرَ نِعْمَتَکَ الَّتِیْٓ اَنْعَمْتَ عَلَیَّ وَعَلٰی وَالِدَیَّ وَاَنْ اَعْمَلَ صَالِحًا تَرْضٰهُ وَاَدْخِلْنِیْ بِرَحْمَتِکَ فِیْ عِبَادِکَ الصّٰلِحِیْنَ ○[1]

ترجمہ: ''اے میرے رب مجھے ان نعمتوں پر شکر کی توفیق عطا فرما جو کہ تو نے مجھ پر اور میرے والدین پر کی ہیں، مجھے اپنے پسندیدہ نیک اعمال کرنے کی توفیق بخش اور مجھے اپنے فضل و کرم سے اپنے نیک بندوں میں شامل فرما لے۔''

نفس کی بُرائی اور بُرے اعمال سے پناہ کی دعا

اَللّٰھُمَّ اِنِّیْٓ اَعُوْذُبِکَ مِنْ شُرُوْرِ اَنْفُسِنَا وَمِنْ

[1] پارہ ۱۹ : سورہ النمل : ۱۹

سَيِّئَاتِ اَعْمَالِنَا۔

ترجمہ: ’’اے اللہ! مین پناہ چاہتا ہوں تجھ سے اپنے نفس کی برائی اور اپنے بُرے اعمال سے۔‘‘

تمام ظاہری و باطنی فتنوں سے حفاظت کی دعا

اَللّٰهُمَّ اِنِّيْٓ اَعُوْذُبِكَ مِنْ جَمِيْعِ الْفِتَنِ مَا ظَهَرَ مِنْهَا وَمَا بَطَنَ۔

ترجمہ: ’’اے اللہ میں پناہ مانگتا ہوں تجھ سے تمام ظاہری اور باطنی فتنوں سے۔‘‘

سخت مشکل اور ہر قسم کی بلا دُور کرنے کی دعا

فضیلت: جناب رسولِ کریم صلی اللہ علیہ وآلہٖ وسلم نے حضرت علی رضی اللہ عنہ کو یہ دُعا سِکھائی اگر تم بھنور میں پڑ جاؤ (سخت مشکل میں) تو یہ پڑھا کرو ہر قسم کی بلا دُور ہو گی۔

بِسْمِ اللّٰهِ الرَّحْمٰنِ الرَّحِيْمِ

وَلَا حَوْلَ وَلَا قُوَّةَ اِلَّا بِاللّٰهِ الْعَلِيِّ الْعَظِيْمِ

قرض سے چھٹکارا حاصل کرنے کی دعا

اَللّٰھُمَّ اکْفِنِیْ بِحَلَالِكَ عَنْ حَرَامِكَ

وَاَغْنِنِیْ بِفَضْلِكَ عَمَّنْ سِوَاكَ ط[1]

ترجمہ: ”اے اللہ مجھے حلال روزی عطا فرما اور حرام سے بچا اور اپنے فضل سے دوسروں سے بے پروا کردے۔“

پریشانیوں سے بچنے کی دعا

اَللّٰھُمَّ اِلٰهَ جِبْرَآئِیْلَ وَمِیْکَائِیْلَ وَاِسْرَافِیْلَ

وَاِلٰهَ اِبْرَاهِیْمَ وَاِسْمٰعِیْلَ وَاِسْحٰقَ عَافِنِیْ وَلَا

تُسَلِّطَنَّ اَحَدًا مِّنْ خَلْقِكَ عَلَیَّ بِشَیْءٍ

لَّا طَاقَةَ لِیْ بِهٖ ط[2]

ترجمہ: ”اے اللہ! جبرئیل اور میکائیل اور اسرافیل کے معبود! اور

---

[1] الترمذی : ۳۸۱۶۔ الحاکم: ۱ / ۵۳۸ ۔ الکلم الطیب :۱۶

[2] مصنف ابن ابی شیبة، الدعاء، باب الرجل یخاف السلطان ما یدعو: ۷ / ۲۴، الرقم: ۵

ابراہیم، اسمٰعیل اور اسحاق (علیہم الصلوٰۃ والسلام) کے معبود! تو مجھے عافیت دے اور میرے اوپر اپنی مخلوق میں سے کسی کو بھی کسی ایسی چیز کے ساتھ مسلّط نہ کر جس (کی مدافعت کرنے یا برداشت کرنے) کی مجھ میں طاقت نہیں ہے۔''

جانے اور انجانے گناہوں کی معافی کی دعا

اَللّٰھُمَّ اغْفِرْلِیْ ذُنُوْبِیْ خَطَئِیْ وَعَمْدِیْ۔[1]

ترجمہ: ''یا اللہ! بخش دے میرے گناہ جو میں نے جان بوجھ کر یا انجانے میں کئے ہیں۔''

عظیم الشان وظیفہ

حضرت ابو ایوب انصاری رضی اللہ تعالیٰ عنہ سے روایت ہے کہ جب سُورۃ فاتحہ، آیۃ الکرسی، شَھِدَ اللّٰہُ اور اَللّٰھُمَّ مَالِکَ الْمُلْکِ اِلٰی بِغَیْرِ حِسَابٍ نازل ہوئی تو عرش سے معلّق ہو کر فریاد کی کہ کیا آپ ہم کو ایسی قوم پر نازل فرما رہے ہیں جو گناہوں کا ارتکاب کریں گے۔ ارشاد فرمایا کہ قسم ہے میری عزّت وجلال اور بلندیٔ مکان کی کہ جو لوگ ہر فرض نماز کے بعد تمہاری تلاوت کریں گے ہم ان کی مغفرت فرمائیں گے اور جنت الفردوس میں جگہ

[1] بیہقی و طبرانی

دیں گے اور ہر روز ستّر مرتبہ نظرِ رحمت سے دیکھیں گے اور اس کی ستّر حاجتیں پُوری کریں گے جس کا ادنیٰ درجہ مغفرت ہے۔

پڑھنے کا طریقہ: الحمد شریف، آیۃ الکُرسی پڑھ کر یہ پڑھے:۔

شَهِدَ اللّٰهُ اَنَّهٗ لَآ اِلٰهَ اِلَّا هُوَ ۙ وَ الْمَلٰٓئِكَةُ
وَ اُولُوا الْعِلْمِ قَآئِمًۢا بِالْقِسْطِ ؕ لَآ اِلٰهَ اِلَّا هُوَ
الْعَزِيْزُ الْحَكِيْمُ ؕ ﴿۱۸﴾ اِنَّ الدِّيْنَ عِنْدَ اللّٰهِ
الْاِسْلَامُ ۣ وَ مَا اخْتَلَفَ الَّذِيْنَ اُوْتُوا الْكِتٰبَ
اِلَّا مِنْۢ بَعْدِ مَا جَآءَهُمُ الْعِلْمُ بَغْيًۢا بَيْنَهُمْ ؕ
وَ مَنْ يَّكْفُرْ بِاٰيٰتِ اللّٰهِ فَاِنَّ اللّٰهَ سَرِيْعُ
الْحِسَابِ ﴿۱۹﴾ [1]

ترجمہ: ’’اللہ نے خود اس بات کی گواہی دی ہے اور فرشتوں اور اہلِ علم نے بھی، کہ اس کے سوا کوئی معبود نہیں جس نے انصاف کے

---

[1] پارہ ۳: سورہ آل عمران: ۱۸-۱۹

ساتھ (کائنات کا) انتظام سنبھالا ہوا ہے۔ اس کے سوا کوئی عبادت کے لائق نہیں جس کا اقتدار بھی کامل ہے، حکمت بھی کامل۔ بیشک (پسندیدہ) دین تو اللہ کے نزدیک اسلام ہی ہے اور جن لوگوں کو کتاب دی گئی تھی انہوں نے الگ راستہ لاعلمی میں نہیں بلکہ علم آجانے کے بعد محض آپس کی ضد کی وجہ سے اختیار کیا اور جو شخص بھی اللہ کی آیتوں کو جھٹلائے تو (اسے یاد رکھنا چاہئے کہ) اللہ بہت جلد حساب لینے والا ہے۔"

پھر یہ پڑھے:۔

قُلِ اللّٰهُمَّ مٰلِكَ الْمُلْكِ تُؤْتِي الْمُلْكَ مَنْ تَشَآءُ وَ تَنْزِعُ الْمُلْكَ مِمَّنْ تَشَآءُ ز وَ تُعِزُّ مَنْ تَشَآءُ وَ تُذِلُّ مَنْ تَشَآءُ ط بِيَدِكَ الْخَيْرُ ط اِنَّكَ عَلٰى كُلِّ شَيْءٍ قَدِيْرٌ ﴿۲۶﴾ تُوْلِجُ الَّيْلَ فِي النَّهَارِ وَ تُوْلِجُ النَّهَارَ فِي الَّيْلِ ز وَ تُخْرِجُ الْحَيَّ مِنَ الْمَيِّتِ وَ تُخْرِجُ الْمَيِّتَ مِنَ الْحَيِّ ز وَ تَرْزُقُ مَنْ تَشَآءُ

بِغَيْرِ حِسَابٍ ﴿٢٧﴾ [۱]

ترجمہ: ”کہو کہ: اے اللہ! اے اقتدار کے مالک! تو جس کو چاہتا ہے اقتدار بخشتا ہے، اور جس سے چاہتا ہے اقتدار چھین لیتا ہے، اور جس کو چاہتا ہے عزّت بخشتا ہے اور جس کو چاہتا ہے رُسوا کر دیتا ہے، تمام تر بھلائی تیرے ہی ہاتھ میں ہے۔ یقیناً تو ہر چیز پر قادر ہے۔ تو ہی رات کو دِن میں داخل کرتا ہے اور دِن کو رات میں داخل کرتا ہے اور تو ہی بے جان چیز میں سے جاندار کو برآمد کر لیتا ہے اور جاندار میں سے بے جان چیز نکال لاتا ہے اور جس کو چاہتا ہے بے حساب رزق عطا فرماتا ہے۔“

وضو کے درمیان یہ دعا پڑھیں

اَللّٰهُمَّ اغْفِرْ لِيْ ذَنْبِيْ وَوَسِّعْ لِيْ فِيْ دَارِيْ وَبَارِكْ لِيْ فِيْ رِزْقِيْ - [۲]

ترجمہ: ”اے اللہ میرے گناہ بخش دے اور میرے گھر میں

---

[۱] پارہ ۳: سورہ آل عمران: ۲۶-۲۷

[۲] ترمذی

وسعت دے اور میرے رزق میں برکت دے۔''

وضو کے بعد کی دعا

غُفْرَانَكَ ۔ اَللّٰهُمَّ اجْعَلْنِیْ مِنَ التَّوَّابِیْنَ وَاجْعَلْنِیْ مِنَ الْمُتَطَهِّرِیْنَ ؕ

ترجمہ: ''اے اللہ آپ کی بخشش چاہئے اے اللہ مجھے بہت توبہ کرنے والوں میں کر دے اور یا اللہ مجھے بہت پاک صاف لوگوں میں کر دے۔''

طلبہ کے لیے پیاری دعا

فضیلت: یہ دعا آپ ﷺ فجر کی نماز کے سلام پھیرنے کے بعد مانگا کرتے تھے۔ بہت مختصر اور بہت مبارک دعا ہے۔ طلبہ و طالبات، علماء و معلّمات اور احبابِ دعوت کو اس دعا کا فجر کے بعد معمول بنا لینا چاہیے۔ اللہ تعالیٰ سے قوی امید ہے کہ اللہ تعالیٰ ہماری یہ دعا قبول فرما کر فائدہ پہنچانے والا علم اور پاکیزہ روزی عطا فرمائیں گے اور ہمیں ایسا نیک عمل کرنے کی توفیق

؊ مسلم، ترمذی

دیں گے جو قبول بھی ہو۔

اَللّٰهُمَّ اِنِّیْٓ اَسْأَلُكَ عِلْمًا نَافِعًا وَّرِزْقًا طَيِّبًا وَّعَمَلًا مُّتَقَبَّلًا۔ [1]

ترجمہ: ”اے اللہ! میں آپ سے نفع دینے والا علم، حلال پاکیزہ روزی اور مقبول عمل کا سوال کرتا ہوں۔“

اظہارِ فرمانبرداری

رَبَّنَآ اٰمَنَّا فَاغْفِرْ لَنَا وَارْحَمْنَا وَاَنْتَ خَيْرُ الرّٰحِمِيْنَ ○ [2]

ترجمہ: ”اے ہمارے رب! ہم تجھ پر ایمان لے آئے تو ہمیں بخش دے اور ہم پر رحم فرما، تو ہی دراصل رحم فرمانے والا ہے۔“

حضرت آدم علیہ الصلوٰۃ والسلام کی دعا

رَبَّنَا ظَلَمْنَآ اَنْفُسَنَا سکتہ وَاِنْ لَّمْ تَغْفِرْ لَنَا وَ

---

[1] مسند احمد: ۶/ ۳۲۲، الرقم: ۲۶۱۹۱

[2] پارہ ۱۸: سورہ المؤمنون: ۱۰۹

تَرْحَمْنَا لَنَكُوْنَنَّ مِنَ الْخٰسِرِيْنَ ۝ [1]

ترجمہ: ”اے ہمارے پروردگار! ہم اپنی جانوں پر ظلم کر گذرے ہیں اور اگر آپ نے ہمیں معاف نہ فرمایا اور ہم پر رحم نہ کیا تو یقیناً ہم نقصان اٹھانے والوں میں شامل ہو جائیں گے۔“

یہ دعا حضرت ابوبکر صدیق رضی اللہ عنہ کی ہے بطور مدح اللہ تعالیٰ نے بیان فرمائی ہے۔

وَاَصْلِحْ لِيْ فِيْ ذُرِّيَّتِيْ ۚ اِنِّيْ تُبْتُ اِلَيْكَ وَاِنِّيْ مِنَ الْمُسْلِمِيْنَ ۝۱۵ [2]

ترجمہ: ”اور میری اولاد میں صلاحیت (نیکی کی) دے میں نے تیری طرف رُجوع کیا اور میں فرمانبرداروں میں سے ہوں۔“

میت کی مغفرت کے لیے دعائیں

حضرت ابو ہریرہ رضی اللہ عنہ سے روایت ہے کہ رسول اللہ صلی اللہ علیہ وآلہ وسلم نے فرمایا: ”مرنے کے بعد انسان کے اعمال (کے ثواب) کا سلسلہ ختم ہو جاتا ہے

[1] پارہ ۸ : سورہ الاعراف: ۲۳
[2] پارہ ۲۶ : سورہ الاحقاف: ۱۵

سوائے تین طریقوں کے جن کا ثواب میت کو پہنچتا رہتا ہے صدقہ جاریہ یا لوگوں کو فائدہ دینے والا علم یا نیک اولاد جو میت کے لیے دعا کرتی رہے"۔[١]

اَللّٰهُمَّ اغْفِرْ لَهٗ وَارْحَمْهُ وَعَافِهٖ وَاعْفُ عَنْهُ وَاَكْرِمْ نُزُلَهٗ وَ وَسِّعْ مُدْخَلَهٗ وَاغْسِلْهُ بِالْمَاءِ وَالثَّلْجِ وَالْبَرَدِ وَنَقِّهٖ مِنَ الْخَطَايَا كَمَا نَقَّيْتَ الثَّوْبَ الْاَبْيَضَ مِنَ الدَّنَسِ وَاَبْدِلْهُ دَارًا خَيْرًا مِّنْ دَارِهٖ وَاَهْلًا خَيْرًا مِّنْ اَهْلِهٖ وَزَوْجًا خَيْرًا مِّنْ زَوْجِهٖ وَاَدْخِلْهُ الْجَنَّةَ وَاَعِذْهُ مِنْ عَذَابِ الْقَبْرِ وَمِنْ عَذَابِ النَّارِ۔[٢]

عورت کے لیے یہ دعا اس طرح پڑھی جائے گی

اَللّٰهُمَّ اغْفِرْ لَهَا وَارْحَمْهَا وَعَافِهَا وَاعْفُ عَنْهَا

---

[١] صحیح مسلم: ۴۲۲۳

[٢] صحیح مسلم: ۲۲۳۲

وَاَكْرِمْ نُزُلَهَا وَوَسِّعْ مُدْخَلَهَا وَاغْسِلْهَا

بِالْمَاءِ وَالثَّلْجِ وَالْبَرَدِ وَنَقِّهَا مِنَ الْخَطَايَا كَمَا

نَقَّيْتَ الثَّوْبَ الْاَبْيَضَ مِنَ الدَّنَسِ وَاَبْدِلْهَا

دَارًا خَيْرًا مِّنْ دَارِهَا وَاَهْلًا خَيْرًا مِّنْ اَهْلِهَا

وَزَوْجًا خَيْرًا مِّنْ زَوْجِهَا وَاَدْخِلْهَا الْجَنَّةَ

وَاَعِذْهَا مِنْ عَذَابِ الْقَبْرِ وَمِنْ عَذَابِ النَّارِ

ترجمہ: ”اے اللہ اس کی بخشش فرما اور اس پر رحم فرما اور اس سے درگزر کر کے اسے معاف فرما دے اور اس کی اچھی مہمانی کر اور اس کے داخل ہونے کی جگہ کشادہ کر دے اور اسے پانی، برف اور اولوں سے دھو ڈال اور اسے خطاؤں سے اس طرح صاف کر دے جیسے تو سفید کپڑا میل کچیل سے صاف کر دیتا ہے اور اسے اس کے اس گھر سے بہتر گھر اور اس کے گھر والوں سے بہتر گھر والے اور اس کے ساتھی سے بہتر ساتھی عطا فرما اور اسے جنت میں داخل فرما اور اسے عذاب قبر سے اور آگ کے عذاب سے بچا لے۔“

اَللّٰھُمَّ عَبْدُكَ[۱] وَابْنُ اَمَتِكَ اِحْتَاجَ اِلٰی
رَحْمَتِكَ وَاَنْتَ غَنِیٌّ عَنْ عَذَابِهٖ اِنْ كَانَ مُحْسِنًا
فَزِدْ فِیْ اِحْسَانِهٖ وَاِنْ كَانَ مُسِیْئًا فَتَجَاوَزْ عَنْهُ[۲]

ترجمہ: ’’اے اللہ! یہ تیرا بندہ اور تیری بندی کا بیٹا، تیری رحمت کا محتاج ہے اور تو اس کے عذاب سے بے پرواہ ہے۔ اگر یہ نیک تھا تو اس کی نیکیوں میں اضافہ فرما اور اگر یہ بُرا تھا تو اسے معاف کر دے۔‘‘

اَللّٰھُمَّ اِنَّ فُلَانَ بْنَ فُلَانٍ فِیْ ذِمَّتِكَ وَحَبْلِ
جِوَارِكَ فَقِهٖ مِنْ فِتْنَةِ الْقَبْرِ وَعَذَابِ النَّارِ
وَاَنْتَ اَهْلُ الْوَفَاءِ وَالْحَقِّ، اَللّٰھُمَّ فَاغْفِرْ لَهٗ
وَارْحَمْهُ اِنَّكَ اَنْتَ الْغَفُوْرُ الرَّحِيْمُ۔[۳]

۱۔ عَبْدُكَ کی جگہ میت کا نام لیں۔
۲۔ مستدرک للحاکم، ج:۱، ۱۳۶۸
۳۔ سنن ابی داؤد: ۳۲۰۲

ترجمہ: ''اے اللہ! بے شک فلاں بن فلاں تیرے ذمے اور تیری پناہ میں ہے، پس اسے قبر کی آزمائش اور آگ کے عذاب سے بچا اور تو وفا اور حق کا اہل ہے۔ اے اللہ! بس اسے بخش دے اور اس پر رحم کر، یقیناً تو ہی بخشنے والا بے حد مہربان ہے''۔

❁❁❁❁❁❁

اَللّٰھُمَّ اغْفِرْ لِحَیِّنَا وَمَیِّتِنَا وَشَاھِدِنَا وَغَآئِبِنَا وَصَغِیْرِنَا وَکَبِیْرِنَا وَذَکَرِنَا وَاُنْثَانَا، اَللّٰھُمَّ مَنْ اَحْیَیْتَہٗ مِنَّا فَاَحْیِہٖ عَلَی الْاِسْلَامِ وَمَنْ تَوَفَّیْتَہٗ مِنَّا فَتَوَفَّہٗ عَلَی الْاِیْمَانِ، اَللّٰھُمَّ لَا تَحْرِمْنَا اَجْرَہٗ وَلَا تُضِلَّنَا بَعْدَہٗ۔[1]

ترجمہ: ''اے اللہ! ہمارے زندوں اور مُردوں کو بخش دے اور ہمارے حاضر اور غائب لوگوں کو بھی بخش دے۔ چھوٹوں کو اور بڑوں کو، مَردوں کو اور عورتوں کو۔ اور اے اللہ! ہم میں سے جسے تو زندہ رکھے تو اسے اسلام کے ساتھ زندہ رکھ اور جسے تو موت دے

---

[1] سنن ابی داؤد: ۳۲۰۱

ایمان پر موت دے۔ اے اللہ! ہمیں اس کے اجر سے محروم نہ رکھ (جو ہم نے مرنے والے کے لیے دعا کی) اور اس کے بعد ہمیں گمراہ بھی نہ کرنا''۔

❀ ❀ ❀ ❀ ❀

اَللّٰهُمَّ اغْفِرْلَهٗ وَارْفَعْ دَرَجَتَهٗ فِي الْمَهْدِيِّيْنَ وَاخْلُفْهُ فِيْ عَقِبِهٖ فِي الْغَابِرِيْنَ وَاغْفِرْلَنَا وَلَهٗ يَارَبَّ الْعَالَمِيْنَ! وَافْسَحْ لَهٗ فِيْ قَبْرِهٖ وَنَوِّرْلَهٗ فِيْهِ۔ [٢]

ترجمہ: ''اے اللہ! اس کو معاف فرما اور ہدایت یافتہ لوگوں میں اس کا درجہ بلند فرما اور اس کے پیچھے باقی لوگوں میں سے اس کا جانشین مقرر فرما اے رب العالمین! ہمیں اور اس کو بخش دے اور اس کی قبر میں اس کے لیے کشادگی فرما اور اس میں اس کے لئے روشنی فرما''۔

❀ ❀ ❀ ❀ ❀

---

[١] یہ دعا رسول اللہ ﷺ نے ابو سلمہ رضی اللہ عنہ کے لیے پڑھی تھی۔ آپ لَهٗ کی جگہ میت کا نام لیں۔
[٢] صحیح مسلم: ۲۱۳۰

اَللّٰھُمَّ اَعِذْہُ مِنْ عَذَابِ الْقَبْرِ۔[۱]

ترجمہ: ''اے اللہ! اس کو قبر کے عذاب سے بچا۔''

بچے کی میت کے لیے دعا

اَللّٰھُمَّ اجْعَلْہُ لَنَا فَرَطًا وَّ اجْعَلْہُ لَنَآ اَجْرًا وَّ ذُخْرًا وَّ اجْعَلْہُ لَنَا شَافِعًا وَّ مُشَفَّعًا۔[۲]

ترجمہ: ''اے اللہ اس بچہ کو تو ہمارے لیے پہلے سے جا کر انتظام کرنے والا بنا اور اس کو ہمارے لیے اجر اور ذخیرہ اور سفارش کرنے والا اور سفارش منظور کیا ہوا بنا دے۔

❁❁❁❁❁❁

اَللّٰھُمَّ حَاسِبْنِیْ حِسَابًا یَّسِیْرًا

ترجمہ: ''اے اللہ مجھ سے آسان حساب لینا۔'' (مستدرک حاکم)

مختصر استخارہ

اَللّٰھُمَّ خِرْلِیْ وَاخْتَرْلِیْ

---

[۱] موطا امام مالک، کتاب الجنائز: ۱۸

[۲] ہدایۃ :۱ / ۱۴۶، فصل فی الصلاۃ علی المیت

ترجمہ: ''اے اللہ میرے لئے اچھا اور خیر کا فیصلہ فرما۔''

حضور صلی اللہ علیہ وآلہ وسلم نے فرمایا کہ جو شخص تین مرتبہ درج ذیل کلمات پڑھ لے تو اللہ تعالیٰ اُس سے ستر بلائیں ٹال دے گا۔

بِسْمِ اللّٰهِ الرَّحْمٰنِ الرَّحِيْمِ اَلْحَمْدُ لِلّٰهِ رَبِّ الْعَالَمِيْنَ حَمْدًا كَثِيْرًا طَيِّبًا مُّبَارَكًا فِيْهِ [1]

(ارشاد قدسی)

ترجمہ: ''شروع اللہ کے نام سے جو بڑا مہربان نہایت رحم کرنے والا ہے، سب تعریف اللہ ہی کے لئے ہے زیادہ تعریف پاکیزہ تعریف بابرکت تعریف۔

دل کو تسلی دینے کے لیے چند وظیفے

1. لَآ اِلٰهَ اِلَّا اللّٰهُ الْمَلِكُ الْحَقُّ الْمُبِيْنُ روزانہ سو (۱۰۰) مرتبہ۔
2. ''سُوْرَةُ قُرَيْشٍ'' روزانہ گیارہ (۱۱) مرتبہ بعد نمازِ فجر اور مغرب ''اَطْعَمَهُمْ مِّنْ جُوْعٍ'' پڑھتے وقت رزق کی تنگی کے دور ہونے اور ''اٰمَنَهُمْ مِّنْ خَوْفٍ'' پڑھتے وقت دشمن کے خوف سے حفاظت

[1] ابو داؤد: ۷۶۳۔ احمد: ۳ / ۱۰۶۔ کتاب الدعاء للطبرانی: ۵۱۲۔

کا دل سے جو شخص طالب ہوگا اس کے رزق میں وسعت ہوگی اور وہ دشمن کے شر سے محفوظ رہے گا۔

3 ''حَسْبُنَا اللّٰهُ وَنِعْمَ الْوَكِيْلُ'' ہزار مرتبہ پڑھ کر رو رو کر اپنے مقصد کے لیے دعا مانگنا۔

4 ''صَلَاةُ التَّسْبِيْح'' اور ''سُوْرَةُ الْبَقَرَة'' پڑھ کر دعا مانگنا۔

5 آیت کریمہ اور درود شریف بلا تعداد پڑھ کر دعا مانگنا۔

6 ''يَآ اَرْحَمَ الرّٰحِمِيْنَ'' پانچ سو (۵۰۰) مرتبہ، استغفار سو (۱۰۰) مرتبہ پڑھ کر دعا مانگنا۔

وضاحت: ان وظائف کی مذکورہ تعداد صرف پابندی کے لیے لکھی گئی ہے، کم وبیش بھی پڑھ سکتے ہیں اس لیے کہ احادیث میں ان کی یہ تعداد مذکور نہیں ہے۔

قنوتِ نازلہ

اللہ کے حضور خشوع وخضوع کو ''قنوت'' کہتے ہیں اور نازلہ کا معنی مصیبت میں گرفتار ہونا ہے لہٰذا زمانے کے حوادثات میں پھنسے وقت نماز میں عجز و انکساری کے ساتھ مصائب سے نجات پانے کے لئے اللہ تعالیٰ سے دعائیں مانگنا ''قنوتِ نازلہ'' کہلاتا ہے۔

دنیا میں مصائب وآلام کئی طرح کے ہوتے ہیں مثلاً دنیا کے کسی خطہ میں مسلمانوں پر کفار و مشرکین یا یہود و نصاریٰ ظلم و ستم کے پہاڑ توڑ رہے ہوں، دن رات ان کو پریشانیوں میں مبتلا کئے ہوئے ہوں، ان کو قید و بند کی صعوبتوں میں مبتلا کئے ہوئے ہوں اور کمزور و لاغر مسلمان ان کے ظلم و ستم کا تختۂ مشق بنے ہوئے ہوں یا کسی علاقے میں قحط سالی اور بدحالی کے ایام ہوں یا وباؤں، زلزلوں اور طوفانوں کی زد میں کوئی علاقہ آ چکا ہو تو ان تمام حالات میں قنوتِ نازلہ کی جاتی ہے۔ اور یہ نبی کریم ﷺ، صحابہ کرام رضی اللہ عنہم، تابعین عظام، فقہاء محدثین اور سلف صالحین رحمہم اللہ اجمعین کا طریقہ رہا ہے۔ دعا کا مقصد یہ ہوتا ہے کہ مسلمان اپنے گناہوں کا اقرار کرتے ہوئے انتہائی عجز و انکساری کے ساتھ اللہ تعالیٰ سے معافی مانگیں اور دعا کریں کہ یا اللہ! ہمیں اور ہمارے بھائیوں کو ان مصائب وآلام سے محفوظ فرما۔ ہمارے گناہوں کو بخش دے۔

ام المؤمنین حضرت عائشہ صدیقہ رضی اللہ عنہا سے مروی ہے کہ رسول

اللہ صلی اللہ علیہ وآلہ وسلم نے فرمایا ''میں قنوت اس لئے کرتا ہوں تا کہ تم اپنے پروردگار کو پکارو اور اس سے اپنی ضروریات کے بارے میں سوال کرو۔'' [۱]

ایک اور حدیث میں ہے کہ ''کَانَ لَا یَقْنُتُ فِیْھَا اِلَّا اِذَا دَعَا لِقَوْمٍ اَوْ دَعَا عَلٰی قَوْمٍ ......ترجمہ...... نبی کریم صلی اللہ علیہ وآلہ وسلم اس وقت قنوت کرتے جب کسی قوم کے حق میں دعا کرنا ہوتی یا کسی قوم کے خلاف بددعا کرنا ہوتی۔'' [۲]

نبی کریم صلی اللہ علیہ وآلہ وسلم نے مصیبت، پریشانی اور رنج وغم کے پیش نظر کبھی پانچوں نمازوں میں قنوت کی اور کبھی بعض نمازوں میں۔ حضرت ابوہریرہ رضی اللہ عنہ سے مروی ہے وہ رسول اللہ صلی اللہ علیہ وآلہ وسلم کے وصال کے بعد صحابہ کرام اور تابعین سے کہتے:

وَاللّٰہِ لَاُقَرِّبَنَّ بِکُمْ صَلٰوۃَ رَسُوْلِ اللّٰہِ صَلَّی اللّٰہُ عَلَیْہِ وَسَلَّمَ. فَکَانَ اَبُوْ ھُرَیْرَۃَ یَقْنُتُ فِی الظُّھْرِ وَالْعِشَآءِ الْاٰخِرَۃِ وَصَلٰوۃِ الصُّبْحِ وَیَدْعُوْ لِلْمُؤْمِنِیْنَ وَیَلْعَنُ الْکُفَّارَ۔ [۳]

ترجمہ: ''اللہ کی قسم! میں تمہاری نسبت رسول اللہ صلی اللہ علیہ وآلہ وسلم کی نماز

---

[۱] مجمع الزوائد ۲ / ۱۳۸

[۲] صحیح ابن خزیمہ، باب القنوت

[۳] مسلم ۱ / ۲۳۷

سے زیادہ قریب ہوں، پھر ابو ہریرہ رضی اللہ عنہ ظہر، عشاء اور فجر کی نماز میں قنوت کرتے اور مومنوں کے لئے دعائے خیر اور کافروں پر لعنت کرتے تھے۔"

حضرت براء بن عازب رضی اللہ عنہ کہتے ہیں کہ "رسول اللہ صلی اللہ علیہ وآلہ وسلم صبح اور مغرب کی نماز میں قنوت کرتے تھے۔"[1]

عَنْ اَبِیْ هُرَیْرَةَ رَضِیَ اللّٰهُ عَنْهُ قَالَ قَنَتَ رَسُوْلُ اللّٰهِ صَلَّی اللّٰهُ عَلَیْهِ وَسَلَّمْ فِیْ صَلَاةِ الْعَتْمَةِ شَهْرًا۔ (الحدیث)

ترجمہ: "ابو ہریرہ رضی اللہ عنہ سے روایت ہے کہ رسول اللہ صلی اللہ علیہ وآلہ وسلم نے عشاء کی نماز میں ایک ماہ تک قنوت کیا۔"

مذکورہ بالا احادیث سے معلوم ہوا کہ آپ صلی اللہ علیہ وآلہ وسلم مختلف حالات کو مدِ نظر رکھتے ہوئے کبھی ایک نماز میں، کبھی دو، تین اور کبھی اکٹھی پانچ نمازوں میں قنوت کرتے تھے۔ تو ہمیں بھی حالات و واقعات کے تقاضے کے مطابق ایسا کرنا چاہئے اور یہ معاملہ اس وقت تک جاری رہے جب تک دشمنوں کی مکمل سرکوبی نہیں ہو جاتی اور مسلمانوں کے مصائب و آلام میں کمی واقع نہیں ہوتی۔ مروی ہے کہ نبی کریم صلی اللہ علیہ وآلہ وسلم نے ایک ماہ تک رکوع کے بعد قنوت کیا۔ جب آپ صلی اللہ علیہ وآلہ وسلم سَمِعَ اللّٰهُ لِمَنْ حَمِدَهٗ کہتے تو اپنے قنوت میں کہتے: "اے اللہ! ولید بن ولید کو نجات دے۔ اے اللہ! سلمہ بن ہشام کو نجات دے۔ اے

[1] مسلم ۱ / ۲۳۷

اللہ! عیاش بن ابی ربیعہ کو نجات دے۔ اے اللہ! ضعیف مومنوں کو نجات دے۔ اے اللہ! اپنا عذاب قبیلہ مضر پر سخت کر دے۔ اے اللہ! ان پر یوسف علیہ السلام کے زمانے جیسے قحط ڈال دے۔"[1]

حضرت ابوہریرہ رضی اللہ عنہ کہتے ہیں پھر میں نے نبی کریم ﷺ کو دیکھا کہ آپ ﷺ نے دعا کرنا چھوڑ دی۔ تو لوگوں نے کہا کہ تم دیکھتے نہیں جن کے لئے رسول اللہ ﷺ دعا کرتے تھے وہ آ گئے ہیں۔ یعنی کفار کے غلبہ سے انہیں نجات مل گئی ہے۔

موجودہ دور میں چونکہ مسلمان کئی ممالک (بوسنیا، چیچنیا، فلسطین، کشمیر، الجزائر وغیرہ) میں سفاک و خونخوار دشمن کے ظلم و ستم اور جبر و استبداد کا نشانہ بنے ہوئے ہیں اور کئی ممالک میں مسلمان سالہا سال سے جور و جفا کی چکی میں پس رہے ہیں تو ان کی نصرت اور اعلائے کلمۃ اللہ کے لئے جہاں ہم جہاد بالسیف جیسی تدابیر کے ساتھ صف آرا ہیں وہاں ہمیں قنوت نازلہ جیسے اس دعایہ ہتھیار سے بھی کام لینا چاہئے۔ دعا کرتے وقت جب امام مختلف دعائیں پڑھے تو پیچھے مقتدی آمین کہتے جائیں۔ اس کا ثبوت درج ذیل حدیث ہے:

عَنْ ابْنِ عَبَّاسٍ رَضِيَ اللهُ عَنْهُمَا قَالَ: قَنَتَ رَسُوْلُ اللهِ صَلَّى اللهُ عَلَيْهِ وَسَلَّمَ شَهْرًا مُتَتَابِعًا فِي الظُّهْرِ وَالْعَصْرِ وَالْمَغْرِبِ وَالْعِشَاءِ وَصَلَاةِ الصُّبْحِ فِي دُبُرِ كُلِّ

---

[1] مسلم ۱/ ۲۳۷

صَلَاةٍ إِذَا قَالَ سَمِعَ اللّٰهُ لِمَنْ حَمِدَهٗ مِنَ الرَّكْعَةِ الْاٰخِيْرَةِ يَدْعُوْ عَلٰى اَحْيَاءٍ مِّنْ بَنِيْ سُلَيْمٍ عَلٰى رِعْلٍ وَّ ذَكْوَانٍ وَعُصَيَّةَ وَيُؤَمِّنُ مَنْ خَلْفَهٗ۔[۱]

ترجمہ: ''عبداللہ بن عباس رضی اللہ عنہما نے بیان کیا کہ رسول اللہ صلی اللہ علیہ وآلہ وسلم متواتر ایک مہینہ ظہر، عصر، مغرب، عشاء اور صبح کی ہر نماز کی آخری رکعت میں سَمِعَ اللّٰهُ لِمَنْ حَمِدَهٗ کہتے تو قنوت کرتے اور ''بنو سلیم'' کے چند قبیلوں ''رعل''، ''ذکوان'' اور ''عصیۃ'' پر بد دعا کرتے اور مقتدی آمین کہتے۔''

قنوت نازلہ میں ہاتھ اٹھانا مسنون ہے جیسا کہ انس رضی اللہ عنہ سے مروی ہے:

فَقَدْ رَاَيْتُ رَسُوْلَ اللّٰهِ صَلَّى اللّٰهُ عَلَيْهِ وَسَلَّمَ فِيْ صَلَاةِ الْغَدَاةِ رَفَعَ يَدَيْهِ فَدَعَا عَلَيْهِمْ۔[۲]

ترجمہ: ''میں نے رسول اللہ صلی اللہ علیہ وآلہ وسلم کو صبح کی نماز میں دیکھا کہ آپ صلی اللہ علیہ وآلہ وسلم نے ہاتھ اٹھائے اور دشمنان اسلام پر بد دعا کی۔''

قنوتِ نازلہ سے مقصود مظلوم و مقہور مسلمانوں کی نصرت و کامیابی اور

---

[۱] صحیح ابو دائود ۲۷۰-۲۷۱

[۲] مسند احمد ۲ / ۱۳۷

سفاک وجابر دشمن کی ہلاکت و بربادی ہے۔ اس مقصد کو جو بھی دعا پورا کرے وہ مانگی جا سکتی ہے۔ امام نودی رحمۃ اللہ علیہ نے شرح مسلم ۱/۲۳ میں لکھا ہے کہ:

وَالصَّحِیْحُ اَنَّہٗ لَا یَتَعَیَّنُ فِیْہِ دُعَاءٌ مَخْصُوْصٌ بَلْ یَحْصُلُ بِکُلِّ دُعَاءٍ وَفِیْہِ وَجْہٌ اَنَّہٗ لَا یَحْصُلُ اِلَّا بِالدُّعَاءِ الْمَشْہُوْرِ اَللّٰھُمَّ اھْدِنِیْ فِیْمَنْ ھَدَیْتَ۔۔۔ الخ. وَالصَّحِیْحُ اَنَّ ھٰذَا مُسْتَحَبٌّ لَا شَرْطٌ۔

ترجمہ: "صحیح بات یہ ہے کہ اس بارے میں کوئی مخصوص دعا متعین نہیں بلکہ ہر اس دعا کو پڑھا جا سکتا ہے جس سے یہ مقصود حاصل ہوتا ہو اور اَللّٰھُمَّ اھْدِنِیْ فِیْمَنْ ھَدَیْتَ آخر تک پڑھنا مستحب ہے شرط نہیں۔ اولیٰ اور بہتر یہ ہے کہ مذکورہ دعا بھی پڑھی جائے اور اس کے بعد وہ دعائیں بھی پڑھی جائیں جو اس معنی کی قرآن مجید اور احادیث نبوی میں موجود ہیں۔ مختلف دعائیں مانگنا صحابہ کرام اور سلف صالحین سے ثابت ہے جیسا کہ اُبَیّ بن کعب رضی اللہ عنہ جب رمضان المبارک میں تراویح پڑھاتے تو آخری آدھے ایام میں قنوت (یعنی مخالفین اسلام کے لئے بددعا، پھر نبی کریم ﷺ پر درود اور مسلمانوں کے لئے استغفار)

کرتے تھے۔“

صحیح ابن خزیمہ (۲/ ۱۵۵۔۱۵۶) کے حوالہ سے علامہ البانی رحمہ اللہ نے قیام رمضان صفحہ ۳۲ پر لکھا ہے کہ:

وَكَانُوا يَلْعِنُونَ الْكَفَرَةَ فِي النِّصْفِ: اَللّٰهُمَّ قَاتِلِ الْكَفَرَةَ الَّذِيْنَ يَصُدُّوْنَ عَنْ سَبِيْلِكَ..... الی آخرہ

ترجمہ: ”(صحابہ کرام) نصف رمضان میں کافروں پر لعنت کرتے اور کہتے: اے اللہ! ان کافروں کو جو تیرے راستے سے روکتے ہیں اور تیرے رسولوں کی تکذیب کرتے ہیں اور تیرے وعدوں پر ایمان نہیں لاتے انہیں تباہ کر دے، ان کے گٹھ جوڑ میں مخالفت ڈال دے، ان کے دلوں میں رعب ڈال دے اور ان پر اپنا عذاب نازل فرما۔ پھر نبی کریم صلی اللہ علیہ وآلہ وسلم پر درود پڑھتے اور اپنی استطاعت کے مطابق مسلمانوں کے لئے بھلائی کی دعائیں کرتے پھر مومنوں کے لئے استغفار کرتے تھے۔“

آئمہ مساجد اور قارئین کرام سے درخواست ہے کہ وہ کافروں سے برسرپیکار دنیا بھر کے مجاہدین کی نصرت و کامیابی اور ان کے مصائب میں کمی کے لئے اپنی نمازوں میں قنوتِ نازلہ کا اہتمام کریں۔ مجاہدین کی یہ اعانت ان پر فرض ہے۔

اللہ کی توفیق سے کچھ دعائیں یہاں جمع کر دی گئی ہیں تا کہ انہیں یاد کرنے میں آسانی رہے اور اپنی نمازوں میں پڑھا جا سکے۔

اَللّٰھُمَّ اھْدِنَا فِیْمَنْ ھَدَیْتَ، وَعَافِنَا فِیْمَنْ عَافَیْتَ، وَتَوَلَّنَا فِیْمَنْ تَوَلَّیْتَ، وَبَارِكْ لَنَا فِیْمَآ اَعْطَیْتَ، وَقِنَا شَرَّ مَا قَضَیْتَ، فَاِنَّكَ تَقْضِیْ وَلَا یُقْضٰی عَلَیْكَ، وَاِنَّهٗ لَا یَذِلُّ مَنْ وَّالَیْتَ، وَلَا یَعِزُّ مَنْ عَادَیْتَ، تَبَارَكْتَ رَبَّنَا وَتَعَالَیْتَ، نَسْتَغْفِرُكَ وَنَتُوْبُ اِلَیْكَ، وَصَلَّی اللّٰہُ عَلَی النَّبِیِّ الْكَرِیْمِ۔

ترجمہ: ''اے اللہ جن لوگوں کو تو نے ہدایت دی ان میں ہمیں بھی ہدایت نصیب فرما اور جن کو تو نے معافی دی ہے ان میں ہمیں بھی معافی عطا فرما، اور جن کی تو نے ذمہ داری لی ہے ان میں ہمارا بھی ذمہ دار بن جا اور جو تو نے ہمیں عطا کیا ہے اس میں برکت ڈال دے، اور جو تو نے فیصلہ کر رکھا ہے اس کی تکلیف سے ہمیں بچا،

بیشک تو فیصلہ کرتا ہے تیرے خلاف فیصلہ نہیں کیا جا سکتا۔ جس سے تو دوستی لگا لے وہ ذلیل نہیں ہوتا اور جس سے تجھے دشمنی ہو جائے وہ کبھی عزت نہیں پا سکتا۔ اے ہمارے رب تو برکت والا اور بلند و بالا ہے۔ ہم آپ سے بخشش مانگتے ہیں اور آپ سے توبہ کرتے ہیں۔''

اَللّٰهُمَّ اغْفِرْ لَنَا وَلِلْمُؤْمِنِيْنَ وَالْمُؤْمِنَاتِ وَالْمُسْلِمِيْنَ وَالْمُسْلِمَاتِ، وَاَلِّفْ بَيْنَ قُلُوْبِهِمْ، وَاَصْلِحْ ذَاتَ بَيْنِهِمْ، وَانْصُرْهُمْ عَلٰى عَدُوِّكَ وَعَدُوِّهِمْ،

ترجمہ: ''اے اللہ! ہمیں بھی اور تمام مومن مردوں، مومن عورتوں، مسلمان مردوں اور مسلمان عورتوں کو بخش دے۔ ان کے دلوں میں باہمی الفت ڈال دے، ان کے درمیان اصلاح فرما دے، اپنے اور ان کے دشمنوں پر ان کی مدد فرما۔''

اَللّٰهُمَّ الْعَنِ الْكَفَرَةَ الَّذِيْنَ يَصُدُّوْنَ عَنْ سَبِيْلِكَ وَيُكَذِّبُوْنَ رُسُلَكَ وَيُقَاتِلُوْنَ

اَوْلِيَائِكَ،

ترجمہ: ''اے اللہ! ان کافروں پر لعنت فرما جو تیرے راستے سے روکتے ہیں، تیرے رسولوں کو جھٹلاتے ہیں اور تیرے دوستوں سے لڑائی (قتال) کرتے ہیں۔''

اَللّٰهُمَّ خَالِفْ بَيْنَ كَلِمَتِهِمْ وَزَلْزِلْ اَقْدَامَهُمْ وَاَنْزِلْ بِهِمْ بَأْسَكَ الَّذِىْ لَاتَرُدُّهٗ عَنِ الْقَوْمِ الْمُجْرِمِيْنَ۔ [1]

ترجمہ: ''الٰہی! ان کے درمیان اختلاف ڈال دے، ان کے قدموں کو ڈگمگا دے اور ان پر اپنا وہ عذاب نازل فرما کہ جسے تو مجرم قوم سے واپس نہیں لوٹاتا۔''

اَللّٰهُمَّ اِنَّا نَجْعَلُكَ فِىْ نُحُوْرِهِمْ وَنَعُوْذُبِكَ مِنْ شُرُوْرِهِمْ۔ [2]

---

[1] البیہقی و حصن حصین

[2] رواہ احمد و ابو داؤد

ترجمہ: ''اے اللہ! ہم تجھی کو ان کے مقابلے میں کرتے ہیں اور ان کی شرارتوں سے تیری پناہ چاہتے ہیں۔''

اَللّٰھُمَّ اکْفِنَاھُمْ بِمَا شِئْتَ۔ [1]

ترجمہ: ''اے اللہ! جس طریقے سے تو چاہے ہمیں ان سے کافی ہو جا۔''

اَللّٰھُمَّ مُنْزِلَ الْکِتَابِ سَرِیْعَ الْحِسَابِ، اَللّٰھُمَّ اھْزِمِ الْاَحْزَابَ، اَللّٰھُمَّ اھْزِمْھُمْ وَزَلْزِلْھُمْ [2]

ترجمہ: ''کتاب اتارنے اور جلد حساب لینے والے اللہ! کافر جماعتوں کو شکست دے۔ اے اللہ! انہیں شکست دے اور انہیں ہلا کر رکھ دے۔''

اَللّٰھُمَّ اسْتُرْ عَوْرَاتِنَا وَاٰمِنْ رَوْعَاتِنَا، [3]

ترجمہ: ''اے اللہ! ہمارے عیب ڈھانپ دے اور ہمارے خوف وخطرات سے ہمیں امن دے۔''

---

[1] رواہ مسلم
[2] متفق علیہ
[3] رواہ احمد

اَللّٰھُمَّ اَنْتَ الْقَوِیُّ وَنَحْنُ الضُّعَفَآءُ وَاَنْتَ
الْغَنِیُّ وَنَحْنُ الْفُقَرَآءُ نَشْکُوْ اِلَیْكَ ضُعْفَ
قُوَّتِنَا وَقِلَّةَ حِیْلَتِنَا وَھَوَانَنَا عَلَی النَّاسِ۔

ترجمہ: ''اے اللہ! تو طاقت والا اور ہم کمزور ہیں، تو دولت والا غنی اور ہم فقیر ہیں۔ لوگوں میں اپنی رسوائی، تدبیر کی کمی اور اپنی طاقت کی کمزوری کی شکایت ہم تیرے ہاں کرتے ہیں۔''

اَللّٰھُمَّ دَمِّرْ أَعْدَاءَ الدِّیْنَ، اَللّٰھُمَّ دَمِّرْ دِیَارَھُمْ
وَشَتِّتْ شَمْلَھُمْ وَفَرِّقْ جَمْعَھُمْ، اَللّٰھُمَّ مَزِّقْھُمْ
کُلَّ مُمَزَّقٍ، اَللّٰھُمَّ قَتِّلْ شُبَّانَھُمْ وَیَتِّمْ
أَطْفَالَھُمْ وَرَمِّلْ نِسَآءَھُمْ، اَللّٰھُمَّ خُذْھُمْ أَخْذَ
الْعَزِیْزِ الْمُقْتَدِرِ، اَللّٰھُمَّ احْصِھِمْ عَدَدًا
وَاقْتُلْھُمْ بَدَدًا۔

ترجمہ: ”اے اللہ! دین کے دشمنوں کو ہلاک کردے۔ اے اللہ! ان کے گھروں کو برباد کردے، ان کے اتحاد کو پارہ پارہ کردے اور ان کی جمعیت کو ٹکڑے ٹکڑے کردے۔ اے اللہ! انہیں ہر قسم کی تباہی سے دوچار کرکے چیر پھاڑ دے۔ الٰہی! ان کے جوانوں کو قتل، ان کے بچوں کو یتیم اور ان کی عورتوں کو بیوہ کردے۔ اے اللہ! ایک غالب اقتدار والے کی طرح انہیں پکڑ لے۔ اے اللہ! ان کی تعداد شمار کرلے اور انہیں چن چن کر ہلاک کر۔“

اَللّٰهُمَّ انْصُرْ عِبَادَكَ الْمُجَاهِدِيْنَ الَّذِيْنَ يُجَاهِدُوْنَ فِيْ سَبِيْلِكَ وَيُقَاتِلُوْنَ أَعْدَائَكَ فَيَقْتُلُوْنَ وَيُقْتَلُوْنَ۔

ترجمہ: ”اے اللہ! اپنے ان مجاہدین بندوں کی مدد فرما جو تیرے راستے میں جہاد کرتے اور تیرے دشمنوں سے لڑائی کرتے ہیں۔ وہ قتل کرتے بھی ہیں اور (اس راہ میں) شہید کر بھی دیئے جاتے ہیں۔“

اَللّٰهُمَّ اَهْلِكِ الظّٰالِمِيْنَ بِالظّٰالِمِيْنَ وَاَخْرِجْنَا مِنْهُمْ سَالِمِيْنَ غَانِمِيْنَ۔

ترجمہ: ''اے اللہ! تو ظالموں کو ظالم لوگوں سے برباد فرما اور ہمیں ان کے درمیان سے صحیح سلامت غنیمت لے کر لوٹنے والا نکال لا۔''

اَللّٰھُمَّ اَنْتَ عَضُدُنَا وَنَصِیْرُنَا بِکَ نَحُوْلُ وَبِکَ نَصُوْلُ وَبِکَ نُقَاتِلُ۔

ترجمہ: ''اے اللہ! تو ہی ہمیں قوت دینے والا اور ہمارا مددگار ہے۔ تیری مدد کے ساتھ ہم جنگی حیلے کرتے، دشمن پر حملہ اور لڑائی کرتے ہیں۔''

اَللّٰھُمَّ اِنَّا نَسْأَلُکَ مُوْجِبَاتِ رَحْمَتِکَ وَعَزَائِمَ مَغْفِرَتِکَ وَالسَّلَامَةَ مِنْ کُلِّ اِثْمٍ وَالْغَنِیْمَةَ مِنْ کُلِّ بِرٍّ وَالْفَوْزَ بِالْجَنَّةِ وَالنَّجَاةَ مِنَ النَّارِ [1]

ترجمہ: ''اے اللہ! ہم تیری رحمت کے اسباب کا سوال کرتے ہیں، تیری مغفرت کے سامان، ہر گناہ سے سلامتی، ہر نیکی سے

[1] الحاکم و صححة الذهبی

حصہ، جنت کی کامیابی اور جہنم سے نجات کا سوال کرتے ہیں۔"

اَللّٰهُمَّ زِدْنَا وَلَا تَنْقُصْنَا وَاَكْرِمْنَا وَلَا تُهِنَّا
وَاَعْطِنَا وَلَا تَحْرِمْنَا وَاٰثِرْنَا وَلَا تُؤْثِرْ عَلَيْنَا
وَاَرْضِنَا وَارْضَ عَنَّا۔ [1]

ترجمہ: "اے اللہ! تو ہمیں زیادہ کردے، کم نہ کرنا، ہمیں معزز کردے، رسوا نہ کرنا، ہمیں عطا کردے، محروم نہ کرنا، ہمیں ترجیح دے، ہم پر کسی اور کو غالب کرنے میں ترجیح نہ دے، ہمیں راضی رہنے کی توفیق دے اور ہم سے تو راضی ہو جا۔"

اَللّٰهُمَّ اَحْسِنْ عَاقِبَتَنَا فِي الْاُمُوْرِ كُلِّهَا
وَأَجِرْنَا مِنْ خِزْيِ الدُّنْيَا وَعَذَابِ الْاٰخِرَةِ۔ [2]

ترجمہ: "اے اللہ! تمام کاموں میں ہمارا انجام بہتر کر دیجیے، ہمیں دنیا کی رسوائی اور آخرت کے عذاب سے پناہ دیجیے۔"

---

[1] رواہ احمد والترمذی

[2] رواہ احمد

رَبَّنَا ظَلَمْنَآ اَنْفُسَنَا وَاِنْ لَّمْ تَغْفِرْ لَنَا وَ

تَرْحَمْنَا لَنَكُوْنَنَّ مِنَ الْخٰسِرِيْنَ ○[۱]

ترجمہ: ''اے ہمارے پروردگار! ہم اپنی جانوں پر ظلم کر بیٹھے ہیں اور اگر تو نے ہمیں نہ بخشا اور نہ ہی ہم پر رحم فرمایا تو ہم ضرور خسارہ پانے والوں میں سے ہو جائیں گے۔''

رَبَّنَآ اٰتِنَا فِى الدُّنْيَا حَسَنَةً وَّفِى الْاٰخِرَةِ حَسَنَةً

وَّقِنَا عَذَابَ النَّارِ ○[۲]

ترجمہ: ''اے اللہ! ہمیں دنیا اور آخرت میں بھلائی عطا فرما اور ہمیں جہنم کے عذاب سے بچا۔''

رَبَّنَآ اِنَّنَآ اٰمَنَّا فَاغْفِرْ لَنَا ذُنُوْبَنَا

وَقِنَا عَذَابَ النَّارِ ○[۳]

---

[۱] پارہ ۸، الاعراف: ۲۳

[۲] پارہ ۲، سورۃ البقرہ: ۲۰۱

[۳] پارہ ۳، آل عمران: ۱۶

ترجمہ: ’’اے ہمارے رب! بے شک ہم ایمان لائے ہیں (تیرے اوپر) لہٰذا ہمارے گناہ بخش دے اور ہمیں جہنم کے عذاب سے بچالے۔‘‘

منزل

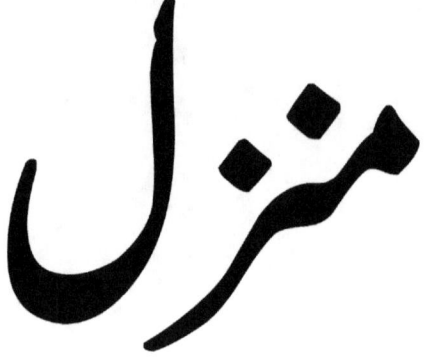

منزل

فضائل وفوائد منزل

(آسیب، سحر اور دوسرے خطرات سے حفاظت کے لئے اس کا ورد مجرب ہے)

نقش وتعویذات کے مقابلہ میں آیاتِ قرآنیہ اور وہ دعائیں جو حدیث پاک میں وارد ہوئی ہیں یقیناً بہت زیادہ مفید اور مؤثر ہیں۔ عملیات میں انہیں چیزوں کا اہتمام کرنا چاہیے

فخر الرسل صلی اللہ علیہ وآلہ وسلم نے دینی یا دنیاوی کوئی حاجت اور غرض ایسی نہیں چھوڑی جس کے لئے دعا کا طریقہ نہ تعلیم فرمایا ہو۔ اسی طرح بعض مخصوص آیات کا مخصوص مقاصد کے لئے پڑھنا مشائخ کے تجربات سے ثابت ہے۔

یہ منزل آسیب، سحر اور بعض دوسرے خطرات سے حفاظت کے لئے ایک مجرب عمل ہے۔ یہ آیات کسی قدر کمی بیشی کے ساتھ ''القول الجمیل'' اور ''بہشتی زیور'' میں لکھی ہیں۔ ''القول الجمیل'' میں حضرت شاہ ولی اللہ محدث دہلوی رحمۃ اللہ علیہ تحریر فرماتے ہیں:

"یہ ۳۳ آیات ہیں جو جادو کے اثر کو دفع کرتی ہیں اور شیاطین اور چوروں اور درندے جانوروں سے پناہ ہو جاتی ہے۔"

یہ بات بھی قابلِ لحاظ ہے کہ عملیات اور دعاؤں میں زیادہ دخل پڑھنے والے کی توجہ اور یکسوئی کو ہوتا ہے جتنی توجہ اور عقیدت سے دعا پڑھی جائے اتنی ہی مؤثر ہوتی ہے۔ اللہ کے نام اور اس کے پاک کلام میں بڑی برکت ہے۔ واللہ الموفق۔

بندہ محمد طلحہ کاندھلوی

ابن شیخ الحدیث حضرت مولانا محمد زکریا صاحبؒ

بِسۡمِ اللّٰہِ الرَّحۡمٰنِ الرَّحِیۡمِ

اَلۡحَمۡدُ لِلّٰہِ رَبِّ الۡعٰلَمِیۡنَ ۙ﴿۱﴾ الرَّحۡمٰنِ
الرَّحِیۡمِ ۙ﴿۲﴾ مٰلِکِ یَوۡمِ الدِّیۡنِ ؕ﴿۳﴾ اِیَّاکَ نَعۡبُدُ وَ
اِیَّاکَ نَسۡتَعِیۡنُ ؕ﴿۴﴾ اِہۡدِنَا الصِّرَاطَ الۡمُسۡتَقِیۡمَ ۙ﴿۵﴾
صِرَاطَ الَّذِیۡنَ اَنۡعَمۡتَ عَلَیۡہِمۡ ۬ۙ غَیۡرِ الۡمَغۡضُوۡبِ
عَلَیۡہِمۡ وَ لَا الضَّآلِّیۡنَ ﴿۷﴾ؑ (سورہ فاتحہ:۱تا۷)

بِسۡمِ اللّٰہِ الرَّحۡمٰنِ الرَّحِیۡمِ

الٓـمّٓ ۚ﴿۱﴾ ذٰلِکَ الۡکِتٰبُ لَا رَیۡبَ ۚۖۛ فِیۡہِ ۚۛ ہُدًی
لِّلۡمُتَّقِیۡنَ ۙ﴿۲﴾ الَّذِیۡنَ یُؤۡمِنُوۡنَ بِالۡغَیۡبِ وَ یُقِیۡمُوۡنَ
الصَّلٰوۃَ وَ مِمَّا رَزَقۡنٰہُمۡ یُنۡفِقُوۡنَ ۙ﴿۳﴾ وَ الَّذِیۡنَ
یُؤۡمِنُوۡنَ بِمَاۤ اُنۡزِلَ اِلَیۡکَ وَ مَاۤ اُنۡزِلَ مِنۡ قَبۡلِکَ ۚ

وَ بِالْاٰخِرَةِ هُمْ يُوْقِنُوْنَ ۝٤ۭ اُولٰٓئِكَ عَلٰى هُدًى

مِّنْ رَّبِّهِمْ ۖ وَاُولٰٓئِكَ هُمُ الْمُفْلِحُوْنَ ۝٥

(سورہ بقرہ ۱ تا ۵)

وَ اِلٰهُكُمْ اِلٰهٌ وَّاحِدٌ ۚ لَآ اِلٰهَ اِلَّا هُوَ الرَّحْمٰنُ

الرَّحِيْمُ ۝١٦٣ۧ (سورہ بقرہ ۱۶۳)

اَللّٰهُ لَآ اِلٰهَ اِلَّا هُوَ ۚ اَلْحَيُّ الْقَيُّوْمُ ۚ۬ لَا تَاْخُذُهٗ

سِنَةٌ وَّلَا نَوْمٌ ۭ لَهٗ مَا فِي السَّمٰوٰتِ وَ مَا فِي

الْاَرْضِ ۭ مَنْ ذَا الَّذِيْ يَشْفَعُ عِنْدَهٗٓ اِلَّا

بِاِذْنِهٖ ۭ يَعْلَمُ مَا بَيْنَ اَيْدِيْهِمْ وَ مَا خَلْفَهُمْ ۚ

وَلَا يُحِيْطُوْنَ بِشَيْءٍ مِّنْ عِلْمِهٖٓ اِلَّا بِمَا شَاۗءَ ۚ

وَسِعَ كُرْسِيُّهُ السَّمٰوٰتِ وَ الْاَرْضَ ۚ وَلَا يَـــُٔـوْدُهٗ

حِفْظُهُمَا ۚ وَ هُوَ الْعَلِيُّ الْعَظِيْمُ ۝٢٥٥ لَآ اِكْرَاهَ فِي

الدِّيْنِ ۟ۙ قَدْ تَّبَيَّنَ الرُّشْدُ مِنَ الْغَيِّ ۚ فَمَنْ

يَّكْفُرْ بِالطَّاغُوْتِ وَ يُؤْمِنْۢ بِاللّٰهِ فَقَدِ

اسْتَمْسَكَ بِالْعُرْوَةِ الْوُثْقٰى ۤ لَا انْفِصَامَ لَهَا ۭ

وَ اللّٰهُ سَمِيْعٌ عَلِيْمٌ ﴿٢٥٦﴾ اَللّٰهُ وَلِيُّ الَّذِيْنَ اٰمَنُوْا ۙ

يُخْرِجُهُمْ مِّنَ الظُّلُمٰتِ اِلَى النُّوْرِ ڛ وَ الَّذِيْنَ

كَفَرُوْٓا اَوْلِيٰۗــُٔهُمُ الطَّاغُوْتُ ۙ يُخْرِجُوْنَهُمْ مِّنَ

النُّوْرِ اِلَى الظُّلُمٰتِ ۭ اُولٰۗىِٕكَ اَصْحٰبُ النَّارِ ۚ

هُمْ فِيْهَا خٰلِدُوْنَ ﴿٢٥٧﴾ ع (سورہ بقرہ ۲۵۵ تا ۲۵۷)

لِلّٰهِ مَا فِي السَّمٰوٰتِ وَ مَا فِي الْاَرْضِ ۭ وَاِنْ تُبْدُوْا

مَا فِيْٓ اَنْفُسِكُمْ اَوْ تُخْفُوْهُ يُحَاسِبْكُمْ بِهِ اللّٰهُ ۭ

فَيَغْفِرُ لِمَنْ يَّشَاۗءُ وَ يُعَذِّبُ مَنْ يَّشَاۗءُ ۭ وَ اللّٰهُ

عَلٰی کُلِّ شَیْءٍ قَدِیْرٌ ﴿۲۸۴﴾ اٰمَنَ الرَّسُوْلُ بِمَآ اُنْزِلَ
اِلَیْهِ مِنْ رَّبِّهٖ وَ الْمُؤْمِنُوْنَ ط کُلٌّ اٰمَنَ بِاللّٰهِ وَ
مَلٰٓئِکَتِهٖ وَ کُتُبِهٖ وَ رُسُلِهٖ قف لَا نُفَرِّقُ بَیْنَ اَحَدٍ
مِّنْ رُّسُلِهٖ قف وَ قَالُوْا سَمِعْنَا وَ اَطَعْنَا ق
غُفْرَانَكَ رَبَّنَا وَ اِلَیْكَ الْمَصِیْرُ ﴿۲۸۵﴾ لَا یُکَلِّفُ
اللّٰهُ نَفْسًا اِلَّا وُسْعَهَا ط لَهَا مَا کَسَبَتْ وَ عَلَیْهَا
مَا اکْتَسَبَتْ ط رَبَّنَا لَا تُؤَاخِذْنَآ اِنْ نَّسِیْنَآ اَوْ
اَخْطَاْنَا ج رَبَّنَا وَ لَا تَحْمِلْ عَلَیْنَآ اِصْرًا کَمَا
حَمَلْتَهٗ عَلَی الَّذِیْنَ مِنْ قَبْلِنَا ج رَبَّنَا وَ لَا
تُحَمِّلْنَا مَا لَا طَاقَةَ لَنَا بِهٖ ج وَ اعْفُ عَنَّا
وَ اغْفِرْ لَنَا وقفة وَ ارْحَمْنَا وقفة اَنْتَ مَوْلٰنَا فَانْصُرْنَا

عَلَى الْقَوْمِ الْكٰفِرِيْنَ ﴿۲۸۶﴾ ع (سورہ بقرہ ۲۸۴ تا ۲۸۶)

شَهِدَ اللّٰهُ اَنَّهٗ لَآ اِلٰهَ اِلَّا هُوَ ۙ وَ الْمَلٰٓئِكَةُ وَ اُولُوا

الْعِلْمِ قَآئِمًا بِالْقِسْطِ ؕ لَآ اِلٰهَ اِلَّا هُوَ الْعَزِيْزُ

الْحَكِيْمُ ﴿۱۸﴾ ط (سورہ آل عمران ۱۸)

قُلِ اللّٰهُمَّ مٰلِكَ الْمُلْكِ تُؤْتِي الْمُلْكَ مَنْ تَشَآءُ

وَ تَنْزِعُ الْمُلْكَ مِمَّنْ تَشَآءُ ز وَ تُعِزُّ مَنْ تَشَآءُ

وَ تُذِلُّ مَنْ تَشَآءُ ؕ بِيَدِكَ الْخَيْرُ ؕ اِنَّكَ عَلٰى

كُلِّ شَيْءٍ قَدِيْرٌ ﴿۲۶﴾ تُوْلِجُ الَّيْلَ فِي النَّهَارِ وَ تُوْلِجُ

النَّهَارَ فِي الَّيْلِ ز وَ تُخْرِجُ الْحَيَّ مِنَ الْمَيِّتِ وَ

تُخْرِجُ الْمَيِّتَ مِنَ الْحَيِّ ز وَ تَرْزُقُ مَنْ تَشَآءُ

بِغَيْرِ حِسَابٍ ﴿۲۷﴾ (سورہ آل عمران ۲۶ تا ۲۷)

إِنَّ رَبَّكُمُ اللّٰهُ الَّذِيْ خَلَقَ السَّمٰوٰتِ وَالْأَرْضَ

فِيْ سِتَّةِ أَيَّامٍ ثُمَّ اسْتَوٰى عَلَى الْعَرْشِ قف

يُغْشِي الَّيْلَ النَّهَارَ يَطْلُبُهٗ حَثِيْثًا لا وَّالشَّمْسَ

وَالْقَمَرَ وَالنُّجُوْمَ مُسَخَّرٰتٍ بِأَمْرِهٖ ط أَلَا لَهُ

الْخَلْقُ وَالْأَمْرُ ط تَبٰرَكَ اللّٰهُ رَبُّ الْعٰلَمِيْنَ ﴿۵۴﴾

أُدْعُوْا رَبَّكُمْ تَضَرُّعًا وَّخُفْيَةً ط إِنَّهٗ لَا يُحِبُّ

الْمُعْتَدِيْنَ ﴿۵۵﴾ ج وَلَا تُفْسِدُوْا فِي الْأَرْضِ بَعْدَ

إِصْلَاحِهَا وَادْعُوْهُ خَوْفًا وَّطَمَعًا ط إِنَّ رَحْمَتَ

اللّٰهِ قَرِيْبٌ مِّنَ الْمُحْسِنِيْنَ ﴿۵۶﴾

(سورہ الاعراف ۵۴ تا ۵۶)

قُلِ ادْعُوا اللّٰهَ أَوِ ادْعُوا الرَّحْمٰنَ ط أَيًّا مَّا تَدْعُوْا

فَلَهُ الْأَسْمَآءُ الْحُسْنٰى ج وَلَا تَجْهَرْ بِصَلَاتِكَ

وَلَا تُخَافِتْ بِهَا وَابْتَغِ بَيْنَ ذٰلِكَ سَبِيْلًا ﴿١١٠﴾ وَ
قُلِ الْحَمْدُ لِلّٰهِ الَّذِىْ لَمْ يَتَّخِذْ وَلَدًا وَّ لَمْ
يَكُنْ لَّهٗ شَرِيْكٌ فِى الْمُلْكِ وَلَمْ يَكُنْ لَّهٗ وَلِىٌّ
مِّنَ الذُّلِّ وَكَبِّرْهُ تَكْبِيْرًا ﴿١١١﴾ (سورہ بنی اسرائیل ۱۱۰ تا ۱۱۱)

اَفَحَسِبْتُمْ اَنَّمَا خَلَقْنٰكُمْ عَبَثًا وَّ اَنَّكُمْ اِلَيْنَا
لَا تُرْجَعُوْنَ ﴿١١٥﴾ فَتَعٰلَى اللّٰهُ الْمَلِكُ الْحَقُّ ج لَآ اِلٰهَ
اِلَّا هُوَ ج رَبُّ الْعَرْشِ الْكَرِيْمِ ﴿١١٦﴾ وَمَنْ يَّدْعُ مَعَ
اللّٰهِ اِلٰهًا اٰخَرَ لا لَا بُرْهَانَ لَهٗ بِهٖ لا فَاِنَّمَا حِسَابُهٗ
عِنْدَ رَبِّهٖ ط اِنَّهٗ لَا يُفْلِحُ الْكٰفِرُوْنَ ﴿١١٧﴾ وَ قُلْ
رَّبِّ اغْفِرْ وَارْحَمْ وَاَنْتَ خَيْرُ الرّٰحِمِيْنَ ﴿١١٨﴾

(سورہ المومنون ۱۱۵ تا ۱۱۸)

بِسْمِ اللّٰهِ الرَّحْمٰنِ الرَّحِيْمِ

وَالصّٰٓفّٰتِ صَفًّا ۙ﴿۱﴾ فَالزّٰجِرٰتِ زَجْرًا ۙ﴿۲﴾ فَالتّٰلِيٰتِ ذِكْرًا ۙ﴿۳﴾ اِنَّ اِلٰهَكُمْ لَوَاحِدٌ ؕ﴿۴﴾ رَبُّ السَّمٰوٰتِ وَالْاَرْضِ وَمَا بَيْنَهُمَا وَرَبُّ الْمَشَارِقِ ؕ﴿۵﴾ اِنَّا زَيَّنَّا السَّمَآءَ الدُّنْيَا بِزِيْنَةِ ِالْكَوَاكِبِ ۙ﴿۶﴾ وَحِفْظًا مِّنْ كُلِّ شَيْطٰنٍ مَّارِدٍ ۚ﴿۷﴾ لَا يَسَّمَّعُوْنَ اِلَى الْمَلَاِ الْاَعْلٰى وَيُقْذَفُوْنَ مِنْ كُلِّ جَانِبٍ ۖ﴿۸﴾ دُحُوْرًا وَّلَهُمْ عَذَابٌ وَّاصِبٌ ۙ﴿۹﴾ اِلَّا مَنْ خَطِفَ الْخَطْفَةَ فَاَتْبَعَهٗ شِهَابٌ ثَاقِبٌ ﴿۱۰﴾ فَاسْتَفْتِهِمْ اَهُمْ اَشَدُّ خَلْقًا اَمْ مَّنْ خَلَقْنَا ؕ اِنَّا خَلَقْنٰهُمْ مِّنْ طِيْنٍ لَّازِبٍ ﴿۱۱﴾ (سورہ الصّٰفّٰت ۱ تا ۱۱)

يٰمَعْشَرَ الْجِنِّ وَالْاِنْسِ اِنِ اسْتَطَعْتُمْ اَنْ

تَنْفُذُوْا مِنْ اَقْطَارِ السَّمٰوٰتِ وَ الْاَرْضِ
فَانْفُذُوْا ؕ لَا تَنْفُذُوْنَ اِلَّا بِسُلْطٰنٍ ۚ﴿۳۳﴾ فَبِاَيِّ
اٰلَآءِ رَبِّكُمَا تُكَذِّبٰنِ ﴿۳۴﴾ يُرْسَلُ عَلَيْكُمَا شُوَاظٌ
مِّنْ نَّارٍ ۙ وَّ نُحَاسٌ فَلَا تَنْتَصِرٰنِ ۚ﴿۳۵﴾ فَبِاَيِّ اٰلَآءِ
رَبِّكُمَا تُكَذِّبٰنِ ﴿۳۶﴾ فَاِذَا انْشَقَّتِ السَّمَآءُ فَكَانَتْ
وَرْدَةً كَالدِّهَانِ ۚ﴿۳۷﴾ فَبِاَيِّ اٰلَآءِ رَبِّكُمَا تُكَذِّبٰنِ ﴿۳۸﴾
فَيَوْمَئِذٍ لَّا يُسْـَٔلُ عَنْ ذَنْۢبِهٖۤ اِنْسٌ وَّلَا جَآنٌّ ۚ﴿۳۹﴾
فَبِاَيِّ اٰلَآءِ رَبِّكُمَا تُكَذِّبٰنِ ﴿۴۰﴾

(سورہ الرحمن ۳۳ تا ۴۰)

لَوْ اَنْزَلْنَا هٰذَا الْقُرْاٰنَ عَلٰى جَبَلٍ لَّرَاَيْتَهٗ خَاشِعًا
مُّتَصَدِّعًا مِّنْ خَشْيَةِ اللّٰهِ ؕ وَ تِلْكَ الْاَمْثَالُ
نَضْرِبُهَا لِلنَّاسِ لَعَلَّهُمْ يَتَفَكَّرُوْنَ ﴿۲۱﴾ هُوَ اللّٰهُ

الَّذِیۡ لَاۤ اِلٰہَ اِلَّا ہُوَ ۚ عٰلِمُ الۡغَیۡبِ وَ الشَّہَادَۃِ ۚ

ہُوَ الرَّحۡمٰنُ الرَّحِیۡمُ ﴿۲۲﴾ ہُوَ اللّٰہُ الَّذِیۡ لَاۤ اِلٰہَ

اِلَّا ہُوَ ۚ اَلۡمَلِکُ الۡقُدُّوۡسُ السَّلٰمُ الۡمُؤۡمِنُ

الۡمُہَیۡمِنُ الۡعَزِیۡزُ الۡجَبَّارُ الۡمُتَکَبِّرُ ؕ سُبۡحٰنَ

اللّٰہِ عَمَّا یُشۡرِکُوۡنَ ﴿۲۳﴾ ہُوَ اللّٰہُ الۡخَالِقُ الۡبَارِئُ

الۡمُصَوِّرُ لَہُ الۡاَسۡمَآءُ الۡحُسۡنٰی ؕ یُسَبِّحُ لَہٗ مَا

فِی السَّمٰوٰتِ وَ الۡاَرۡضِ ۚ وَ ہُوَ الۡعَزِیۡزُ الۡحَکِیۡمُ ﴿۲۴﴾

(سورہ الحشر ۲۱ تا ۲۴)

بِسۡمِ اللّٰہِ الرَّحۡمٰنِ الرَّحِیۡمِ

قُلۡ اُوۡحِیَ اِلَیَّ اَنَّہُ اسۡتَمَعَ نَفَرٌ مِّنَ الۡجِنِّ فَقَالُوۡۤا

اِنَّا سَمِعۡنَا قُرۡاٰنًا عَجَبًا ۙ﴿۱﴾ یَّہۡدِیۡۤ اِلَی الرُّشۡدِ

فَاٰمَنَّا بِہٖ ؕ وَ لَنۡ نُّشۡرِکَ بِرَبِّنَاۤ اَحَدًا ۙ﴿۲﴾ وَّ اَنَّہٗ

تَعٰلٰى جَدُّ رَبِّنَا مَا اتَّخَذَ صَاحِبَةً وَّ لَا وَلَدًا ﴿۳﴾

وَّ اَنَّهٗ كَانَ يَقُوْلُ سَفِيْهُنَا عَلَى اللّٰهِ شَطَطًا ﴿۴﴾

(سورہ الجن ا تا ۴)

بِسْمِ اللّٰهِ الرَّحْمٰنِ الرَّحِيْمِ

قُلْ يٰۤاَيُّهَا الْكٰفِرُوْنَ ﴿۱﴾ لَاۤ اَعْبُدُ مَا تَعْبُدُوْنَ ﴿۲﴾

وَلَاۤ اَنْتُمْ عٰبِدُوْنَ مَاۤ اَعْبُدُ ﴿۳﴾ وَلَاۤ اَنَا عَابِدٌ

مَّا عَبَدْتُّمْ ﴿۴﴾ وَلَاۤ اَنْتُمْ عٰبِدُوْنَ مَاۤ اَعْبُدُ ﴿۵﴾

لَكُمْ دِيْنُكُمْ وَلِيَ دِيْنِ ﴿۶﴾ (سورہ الکفرون ا تا ۶)

بِسْمِ اللّٰهِ الرَّحْمٰنِ الرَّحِيْمِ

قُلْ هُوَ اللّٰهُ اَحَدٌ ﴿۱﴾ اَللّٰهُ الصَّمَدُ ﴿۲﴾ لَمْ يَلِدْ ۙ

وَلَمْ يُوْلَدْ ﴿۳﴾ وَلَمْ يَكُنْ لَّهٗ كُفُوًا اَحَدٌ ﴿۴﴾

(سورہ الاخلاص ا تا ۴)

بِسْمِ اللّٰهِ الرَّحْمٰنِ الرَّحِيْمِ

قُلْ اَعُوْذُ بِرَبِّ الْفَلَقِ ۝۱ مِنْ شَرِّ مَا خَلَقَ ۝۲
وَمِنْ شَرِّ غَاسِقٍ اِذَا وَقَبَ ۝۳ وَمِنْ شَرِّ النَّفّٰثٰتِ
فِي الْعُقَدِ ۝۴ وَمِنْ شَرِّ حَاسِدٍ اِذَا حَسَدَ ۝۵

(سورہ الفلق ۱ تا ۵)

بِسْمِ اللّٰهِ الرَّحْمٰنِ الرَّحِيْمِ

قُلْ اَعُوْذُ بِرَبِّ النَّاسِ ۝۱ مَلِكِ النَّاسِ ۝۲
اِلٰهِ النَّاسِ ۝۳ مِنْ شَرِّ الْوَسْوَاسِ ۙ الْخَنَّاسِ ۝۴
الَّذِيْ يُوَسْوِسُ فِيْ صُدُوْرِ النَّاسِ ۝۵
مِنَ الْجِنَّةِ وَ النَّاسِ ۝۶ (سورہ الفلق ۱ تا ۶)

اربعین
صلوٰۃ وسلام

بہ بارگاہِ سیّد الانام
صلی اللہ علیہ وآلہٖ وسلم

خطاطی
سید نفیس الحسینی

فضائل وخواص درود شریف

- آنحضرت صلی اللہ علیہ وآلہ وسلم نے ارشاد فرمایا ''قیامت کے دن ہر موقع پر مجھ سے زیادہ قریب وہ شخص ہوگا جو کثرت سے درود شریف پڑھنے والا ہوگا''۔
- حضور صلی اللہ علیہ وآلہ وسلم نے ارشاد فرمایا ''درود شریف کی کثرت دنیا و آخرت کے سارے کے سارے فکروں کی نجات کا ذریعہ بنے گی''۔
- آنحضرت صلی اللہ علیہ وآلہ وسلم نے ارشاد فرمایا ''جو ایک دفعہ درود شریف پڑھے گا اللہ اس پر دس دفعہ رحمت نازل فرمائیں گے''۔

گویا کہ درود شریف پڑھنے والے کے ساتھ رحمت کا معاملہ ہوگا جس کا نتیجہ حسن خاتمہ کی شکل میں نصیب ہوگا۔

- ارشاد فرمایا رسول اللہ صلی اللہ علیہ وآلہ وسلم نے ''جمعہ کے روز جو شخص مجھ پر درود بھیجتا ہے مجھ پر پیش کیا جاتا ہے''۔
- حضرت علی رضی اللہ عنہ سے روایت ہے کہ فرمایا رسول اللہ صلی اللہ علیہ وآلہ وسلم نے جس نے جمعہ کے دن مجھ پر سو (۱۰۰) مرتبہ درود بھیجا وہ قیامت

کے دن اس حال میں آئے گا کہ اس کے ساتھ ایک ایسا نور ہوگا جس نور کو اگر ساری مخلوق کے درمیان تقسیم کر دیا جائے تو ان سب کو کافی ہو جائے۔

- آنحضرت صلی اللہ علیہ وآلہ وسلم نے ارشاد فرمایا ''درود شریف کی برکت سے انسان جبرائیل علیہ السلام کی بددعا سے محفوظ ہو جاتا ہے''۔

- آنحضرت صلی اللہ علیہ وآلہ وسلم نے ارشاد فرمایا ''درود شریف کی کثرت گناہوں کی بخشش کا ذریعہ بنتی ہے۔

- آنحضرت صلی اللہ علیہ وآلہ وسلم نے ارشاد فرمایا ''درود شریف کی کثرت سے اللہ جل شانہٗ بندے کے کاموں کا محافظ بن جاتا ہے''۔

- ارشاد فرمایا رسول اللہ صلی اللہ علیہ وآلہ وسلم نے ''سب سے زیادہ قیامت کے روز میرے ساتھ اس کو قرب ہوگا جو مجھ پر درود پڑھتا ہوگا''۔

ان شاء اللہ اس کا نتیجہ یہ ہوگا کہ درود شریف ذریعہ بنے گا قیامت کے روز حوضِ کوثر سے پانی پینے کا۔

- ارشاد فرمایا رسول کریم صلی اللہ علیہ وآلہ وسلم نے ''درود پڑھنے والے پر اللہ تعالیٰ ستر رحمتیں نازل فرماتے ہیں اور ملائکہ اس کے لئے ستر بار دعا کرتے ہیں۔

- رسول اللہ صلی اللہ علیہ وآلہ وسلم نے ارشاد فرمایا کہ ''جس مجلس میں مجھ پر درود بھیجا جاتا ہے اس مجلس سے ایک ایسی پاکیزہ خوشبو اٹھتی ہے کہ آسمان کے کناروں تک پہنچ جاتی ہے پس فرشتے کہتے ہیں کہ یہ وہ مجلس ہے کہ جس میں محمد صلی اللہ علیہ وآلہ وسلم پر درود بھیجا گیا ہے''۔

- حضرت انس رضی اللہ تعالیٰ عنہ سے روایت ہے کہ رسول اللہ صلی اللہ علیہ وآلہ وسلم نے ارشاد فرمایا تم میں سے کوئی بھی اس وقت تک مومن نہیں ہوسکتا یہاں تک کہ میں اس کے نزدیک اسکی جان اسکے مال، اسکی اولاد، اسکے باپ اور تمام لوگوں سے زیادہ محبوب نہ ہو جاؤں۔

- نبی کریم صلی اللہ علیہ وآلہ وسلم نے ارشاد فرمایا ''مجھ پر درود بھیجنا پل صراط پر گزرنے کے وقت نور ہے اور جو شخص جمعہ کے دن اسی (۸۰) دفعہ مجھ پر درود شریف پڑھے اس کے اسی (۸۰) سال کے گناہ معاف ہو جاتے ہیں''۔

- ارشاد فرمایا رسول اللہ صلی اللہ علیہ وآلہ وسلم نے کہ ''جس مجلس میں اللہ تعالیٰ کا ذکر اور رسول اللہ صلی اللہ علیہ وآلہ وسلم پر درود نہ پڑھا گیا قیامت کے روز وہ مجلس ان لوگوں کے حق میں باعث حسرت ہوگی۔''

اے اللہ اس حسرت سے ہم سب کو محفوظ فرما اور ہمیں درود شریف کی قدر نصیب فرما۔

- حضور اقدس صلی اللہ علیہ وآلہ وسلم نے ارشاد فرمایا ''جو شخص ہر روز سو (۱۰۰) مرتبہ درود شریف پڑھے اس کی سو (۱۰۰) حاجات پوری کی جائیں گی جن میں سے تیس دنیا میں اور باقی آخرت میں پوری کی جائیں گی''۔

- حضور صلی اللہ علیہ وآلہ وسلم نے ارشاد فرمایا ''میرا جو اُمتی خلوص دل کے ساتھ مجھ پر درود شریف پڑھے گا اللہ تبارک وتعالیٰ اس پر دس بار درود بھیجے گا اس کے نامہ اعمال میں دس نیکیاں لکھے گا اس کے دس درجات بلند ہوں گے اور دس برائیاں مٹادی جائیں گی''۔

- حدیث: پایا عرش پر لکھا ہوا ہے کہ جو میرا مشتاق ہوگا تو میں اس پر رحم کروں گا اور جو مجھ سے سوال کرے گا میں اسے عطا کروں گا اور جو مجھ سے میرے حبیب **محمد** صلی اللہ علیہ وآلہ وسلم پر درود بھیجنے کے واسطہ سے قرب چاہے گا تو میں اس کے گناہ بخش دوں گا اگرچہ سمندر کی جھاگ کے برابر ہوں۔

- فرمایا رسول اللہ صلی اللہ علیہ وآلہ وسلم نے ''جو شخص مجھ پر درود کی کثرت کرے گا وہ عرش کے سایہ میں ہوگا''۔

- ارشاد فرمایا رسول اللہ صلی اللہ علیہ وآلہ وسلم نے ''جو شخص مجھ پر درود پڑھے اور وہ قبول ہو جاوے تو اسی (۸۰) سال کے گناہ اس کے ختم ہو جاتے ہیں''۔

- ارشاد فرمایا رسول اللہ صلی اللہ علیہ وآلہ وسلم نے "جو شخص مجھ پر میری قبر کے پاس درود پڑھتا ہے اس کو میں خود سنتا ہوں اور جو مجھ سے فاصلے پر درود پڑھتا ہے وہ مجھ کو پہنچا دیا جاتا ہے یعنی بذریعہ ملائکہ کے"۔

- رسول اللہ صلی اللہ علیہ وآلہ وسلم نے فرمایا "جو مسلمان مجھ پر درود بھیجتا ہے فرشتے اس درود کو لیکر مجھ تک پہنچاتے ہیں"۔

کس قدر خوش نصیب ہیں وہ حضرات جن کے درود پاک کو ملائکہ ان کے نام لیکر جناب رسول اللہ صلی اللہ علیہ وآلہ وسلم کی خدمت میں پہنچاتے ہیں۔

- ارشاد فرمایا رسول اللہ صلی اللہ علیہ وآلہ وسلم نے کہ "کثرت کرو مجھ پر درود بھیجنے کی یقیناً وہ پاکیزگی ہے واسطے تمہارے یعنی بسبب درود کے گناہوں سے پاکی اور ہر طرح کی ظاہری و باطنی جانی و مالی پاکیزگی حاصل ہوگی۔

- آپ صلی اللہ علیہ وآلہ وسلم کا ارشاد ہے "جب کوئی مجھ پر سلام بھیجتا ہے اللہ تعالیٰ میری روح لوٹا دیتے ہیں میں اس کے سلام کا جواب دیتا ہوں۔"

- اللہ تعالیٰ نے حضرت موسیٰ علیہ السلام کو وحی فرمائی "کیا تم چاہتے ہو کہ قیامت کے روز تم کو پیاس نہ لگے"، عرض کیا ہاں، ارشاد فرمایا کہ "محمد صلی اللہ علیہ وآلہ وسلم پر درود کی کثرت کیا کرو۔"

- ارشاد فرمایا رسول اللہ صلی اللہ علیہ وآلہ وسلم نے "اللہ تعالیٰ کے مقرر کئے ہوئے

بہت سے فرشتے اسی کام کے لئے ہیں کہ سیاحت کرتے رہتے ہیں اور جو شخص میری امت میں سلام بھیجتا ہے اس کو میرے پاس پہنچاتے ہیں"۔

- آپ صلی اللہ علیہ وآلہ وسلم نے ارشاد فرمایا "میں جبرئیل سے ملا انہوں نے مجھ کو خوشخبری سنائی کہ پروردگار عالم فرماتے ہیں کہ جو شخص آپ صلی اللہ علیہ وآلہ وسلم پر درود بھیجے گا میں اس پر رحمت بھیجوں گا اور جو شخص آپ صلی اللہ علیہ وآلہ وسلم پر سلام پڑھے گا میں اس پر سلامتی نازل کروں گا، میں نے یہ سن کر سجدہ شکر ادا کیا"۔

- ارشاد فرمایا حضور اقدس صلی اللہ علیہ وآلہ وسلم نے "جو شخص صبح کے وقت مجھ پر دس (۱۰) بار درود بھیجے اور پھر شام کے وقت بھی دس (۱۰) بار درود بھیجے قیامت کے روز اس کے لئے میری شفاعت ہوگی"۔

- حضور اقدس صلی اللہ علیہ وآلہ وسلم نے فرمایا "جو شخص درود بھیجے مجھ پر کسی کتاب میں تو ہمیشہ فرشتے اس پر درود بھیجتے رہیں گے جب تک میرا نام اس کتاب میں رہے گا"۔

قارئین کرام آنحضرت صلی اللہ علیہ وآلہ وسلم کا نام مبارک خود لکھیں یا طبع کروائیں اس کے ساتھ (صلی اللہ علیہ وآلہ وسلم) ضرور لکھا کریں، بڑی برکت ہوگی۔

- ارشاد فرمایا رسول اللہ صلی اللہ علیہ وآلہ وسلم نے ''جو آدمی مجھ پر درود بھیجتا ہے فرشتے اس پر درود بھیجتے ہیں یعنی اس کے لئے دعائے رحمت کرتے ہیں جب تک وہ مجھ پر درود بھیجتا رہتا ہے۔ اب اختیار ہے خواہ کم درود بھیجو مجھ پر یا زیادہ۔''

مقصود یہ ہے کہ درود بکثرت پڑھنا چاہیے بہت بڑی دولت ہے۔

- رسول اللہ صلی اللہ علیہ وآلہ وسلم سے عرض کیا گیا یا رسول اللہ صلی اللہ علیہ وآلہ وسلم! میں مومن کب ہوں گا؟ آپ صلی اللہ علیہ وآلہ وسلم نے فرمایا ''جب تو اللہ کو دوست رکھے'' پھر عرض کیا گیا میں اس کے رسول صلی اللہ علیہ وآلہ وسلم کو محبوب کس طرح رکھوں؟ آپ صلی اللہ علیہ وآلہ وسلم نے فرمایا ''جب تو اس کے طریقہ کی پیروی کرے اور اسکی سنت پر عمل کرے اور اس کی محبت کے ساتھ محبت رکھے اور اس کے بغض کے ساتھ بغض رکھے اور اس کی دوستی کے ساتھ دوستی رکھے اور اسکی دشمنی کے ساتھ دشمنی رکھے''۔

- ارشاد فرمایا حضور صلی اللہ علیہ وآلہ وسلم نے ''جو شخص مجھ پر ہزار مرتبہ درود شریف پڑھے نہ مرے گا جب تک کہ اپنی جگہ جنت میں نہ دیکھ لے''۔

شاید اتنی بڑی فضیلت کسی اور عمل پر نہیں مل سکتی لہٰذا کثرت سے درود شریف پڑھنے کی عادت بنائیں۔

- ارشاد فرمایا حضور صلی اللہ علیہ وآلہ وسلم نے ''قیامت کے ہولناکی اور خطرات سے وہ شخص زیادہ نجات پائے گا جو دنیا میں مجھ پر درود زیادہ بھیجتا ہوگا''۔
- حضور صلی اللہ علیہ وآلہ وسلم نے فرمایا ''جو شخص مجھ پر درود شریف نہیں پڑھتا وہ بڑا بخیل ہے''۔
- حضرت عمر فاروق رضی اللہ عنہ فرماتے ہیں کہ ''دعا آسمان و زمین کے درمیان لٹکی رہتی ہے اوپر نہیں جاتی جب تک کہ اپنے نبی صلی اللہ علیہ وآلہ وسلم پر درود نہ پڑھو''۔
- حضرت علی مرتضی کرم اللہ وجہ فرماتے ہیں کہ تمام دعائیں رکی رہتی ہیں جب تک محمد صلی اللہ علیہ وآلہ وسلم پر اور آپ صلی اللہ علیہ وآلہ وسلم کی آل پر درود نہ پڑھو۔
- حضرت ابن عباس رضی اللہ عنہ کے پاس ایک شخص بیٹھا تھا۔ اس کا پاؤں سو گیا۔ آپ نے فرمایا ''جو شخص تجھ کو سب سے زیادہ محبوب ہو اس کا نام لے''۔ اس نے محمد صلی اللہ علیہ وآلہ وسلم کہا اسی وقت سن اتر گئی۔
- رسول اللہ صلی اللہ علیہ وآلہ وسلم نے ارشاد فرمایا کہ قیامت کے دن لوگوں میں سے میرے نزدیک سب سے زیادہ وہ شخص ہوگا جو دنیا میں کثرت سے مجھ پر درود (وسلام) بھیجتا ہوگا۔
- حدیث میں نماز حاجت تمام حاجتیں پوری ہونے کے لئے آئی ہے

اس میں بھی بعد نماز کے درود شریف پڑھا جاتا ہے۔

- ارشاد فرمایا آپ صلی اللہ علیہ وآلہ وسلم نے ''جب تم کسی چیز کو بھول جاؤ مجھ پر درود بھیجو وہ چیز یاد آجائے گی''۔ ان شاء اللہ۔

- حضرت عائشہ رضی اللہ عنہا نے فرمایا ''میں نے خواب میں اپنے گھر میں تین چاند گرتے ہوئے دیکھے تو میں نے اپنا خواب اپنے والد حضرت ابوبکر صدیق رضی اللہ عنہ کو بیان کیا تو انہوں نے فرمایا اے عائشہ! ضرور بالضرور تیرے گھر میں تین حضرات دفن ہوں گے۔ وہ زمین والوں میں سب سے افضل ہوں گے۔ پس جب رسول اللہ صلی اللہ علیہ وآلہ وسلم کی وفات ہوئی اور آپ کو میرے گھر میں دفن کیا گیا تو حضرت ابوبکر نے فرمایا کہ یہ آپ کے تین چاندوں میں سے ایک ہیں اور آپ صلی اللہ علیہ وآلہ وسلم ان سے بہتر ہیں۔

بِسْمِ اللّٰہِ الرَّحْمٰنِ الرَّحِیْمِ

سَلٰمٌ عَلٰی عِبَادِہِ الَّذِیْنَ اصْطَفٰی ــ سَلٰمٌ عَلَی الْمُرْسَلِیْنَ

(القرآن الحکیم)

حدیث ۱

اَللّٰھُمَّ صَلِّ عَلٰی مُحَمَّدٍ
وَّ عَلٰٓی اٰلِ مُحَمَّدٍ وَّ اَنْزِلْہُ
الْمَقْعَدَ الْمُقَرَّبَ عِنْدَكَ

(طبرانی)

حدیث ۲

اَللّٰھُمَّ رَبَّ ھٰذِہِ الدَّعْوَۃِ
الْقَآئِمَۃِ وَ الصَّلٰوۃِ النَّافِعَۃِ
صَلِّ عَلٰی مُحَمَّدٍ وَّ ارْضَ

لہ ارشاد فرمایا، رسول اللہ صلی اللہ علیہ وآلہٖ وسلم نے "جو اس درود شریف کو پڑھے، میری شفاعت اس پہ واجب اور ضروری ہے۔" (طبرانی)

عَنِّیْ رِضًا لَّا تَسْخَطُ بَعْدَهٗ أَبَدًا۔

(مسند احمد)

حدیث ۳

اَللّٰهُمَّ صَلِّ عَلٰی مُحَمَّدٍ عَبْدِكَ وَرَسُوْلِكَ وَصَلِّ عَلَی الْمُؤْمِنِیْنَ وَالْمُؤْمِنَاتِ وَالْمُسْلِمِیْنَ وَالْمُسْلِمَاتِ۔

(ابن حبان)

حدیث ۴

اَللّٰهُمَّ صَلِّ عَلٰی مُحَمَّدٍ وَّعَلٰی اٰلِ مُحَمَّدٍ وَّبَارِكْ

ؔ روایت کیا ابو سعید خدری رضی اللہ عنہ نے، ارشاد فرمایا رسول اللہ صلی اللہ علیہ وآلہ وسلم نے "کہ جس شخص کے پاس خیرات کرنے کو مال نہ ہو وہ اپنی دعا میں یہ درود شریف پڑھے تو اس کے لیے باعثِ تزکیہ ہوگی۔" (ابن حبان)

عَلٰى مُحَمَّدٍ وَّعَلٰى اٰلِ مُحَمَّدٍ
وَّارْحَمْ مُحَمَّدًا وَّاٰلَ مُحَمَّدٍ
كَمَا صَلَّيْتَ وَبَارَكْتَ
وَرَحِمْتَ عَلٰى إِبْرَاهِيْمَ
وَعَلٰى اٰلِ إِبْرَاهِيْمَ إِنَّكَ
حَمِيْدٌ مَّجِيْدٌ۔ (بیہقی)

حدیث ۵

اَللّٰهُمَّ صَلِّ عَلٰى مُحَمَّدٍ
وَّعَلٰى اٰلِ مُحَمَّدٍ كَمَا صَلَّيْتَ
عَلٰى اٰلِ إِبْرَاهِيْمَ إِنَّكَ حَمِيْدٌ

مَّجِيْدٌ، اَللّٰهُمَّ بَارِكْ عَلٰى
مُحَمَّدٍ وَّ عَلٰى اٰلِ مُحَمَّدٍ
كَمَا بَارَكْتَ عَلٰى اٰلِ إِبْرَاهِيْمَ
إِنَّكَ حَمِيْدٌ مَّجِيْدٌ۔ (بخاری شریف)

حدیث ۶

اَللّٰهُمَّ صَلِّ عَلٰى مُحَمَّدٍ
وَّعَلٰى اٰلِ مُحَمَّدٍ كَمَا صَلَّيْتَ
عَلٰى اٰلِ إِبْرَاهِيْمَ إِنَّكَ حَمِيْدٌ
مَّجِيْدٌ وَ بَارِكْ عَلٰى مُحَمَّدٍ
وَّعَلٰى اٰلِ مُحَمَّدٍ كَمَا بَارَكْتَ

عَلٰى اٰلِ اِبْرَاهِيْمَ اِنَّكَ حَمِيْدٌ
مَّجِيْدٌ۔ (مُسلم شریف)

حدیث

اَللّٰهُمَّ صَلِّ عَلٰى مُحَمَّدٍ
وَّعَلٰى اٰلِ مُحَمَّدٍ كَمَا صَلَّيْتَ
عَلٰى اِبْرَاهِيْمَ اِنَّكَ حَمِيْدٌ مَّجِيْدٌ
اَللّٰهُمَّ بَارِكْ عَلٰى مُحَمَّدٍ
وَّعَلٰى اٰلِ مُحَمَّدٍ كَمَا بَارَكْتَ
عَلٰى اِبْرَاهِيْمَ اِنَّكَ حَمِيْدٌ
مَّجِيْدٌ۔ (ابن ماجہ)

حدیث ۸

أَللّٰهُمَّ صَلِّ عَلٰى مُحَمَّدٍ وَّعَلٰى اٰلِ مُحَمَّدٍ كَمَا صَلَّيْتَ عَلٰى إِبْرَاهِيْمَ وَعَلٰى اٰلِ إِبْرَاهِيْمَ إِنَّكَ حَمِيْدٌ مَّجِيْدٌ، وَبَارِكْ عَلٰى مُحَمَّدٍ وَّعَلٰى اٰلِ مُحَمَّدٍ كَمَا بَارَكْتَ عَلٰى إِبْرَاهِيْمَ إِنَّكَ حَمِيْدٌ مَّجِيْدٌ۔ (نسائی)

حدیث ۹

أَللّٰهُمَّ صَلِّ عَلٰى مُحَمَّدٍ

وَعَلٰى اٰلِ مُحَمَّدٍ كَمَا صَلَّيْتَ
عَلٰى إِبْرَاهِيْمَ وَبَارِكْ عَلٰى مُحَمَّدٍ
وَعَلٰى اٰلِ مُحَمَّدٍ كَمَا بَارَكْتَ
عَلٰى إِبْرَاهِيْمَ إِنَّكَ حَمِيْدٌ مَّجِيْدٌ۔

(ابوداؤد)

حدیث ۱۰

اَللّٰهُمَّ صَلِّ عَلٰى مُحَمَّدٍ
وَّعَلٰى اٰلِ مُحَمَّدٍ كَمَا صَلَّيْتَ
عَلٰى إِبْرَاهِيْمَ إِنَّكَ حَمِيْدٌ مَّجِيْدٌ
اَللّٰهُمَّ بَارِكْ عَلٰى مُحَمَّدٍ
وَّعَلٰى اٰلِ مُحَمَّدٍ كَمَا بَارَكْتَ

عَلٰى اٰلِ إِبْرَاهِيْمَ إِنَّكَ حَمِيْدٌ
مَّجِيْدٌ۔ (ابو داؤد)

حدیث ۱۱

أَللّٰهُمَّ صَلِّ عَلٰى مُحَمَّدٍ
وَّعَلٰى اٰلِ مُحَمَّدٍ كَمَا صَلَّيْتَ
عَلٰى اٰلِ إِبْرَاهِيْمَ وَ بَارِكْ عَلٰى
مُحَمَّدٍ وَّ عَلٰى اٰلِ مُحَمَّدٍ
كَمَا بَارَكْتَ عَلٰى اٰلِ إِبْرَاهِيْمَ
فِي الْعَالَمِيْنَ إِنَّكَ حَمِيْدٌ مَّجِيْدٌ۔
(مسلم شریف)

حدیث ١٢

اَللّٰهُمَّ صَلِّ عَلٰى مُحَمَّدٍ
وَّ أَزْوَاجِهٖ وَ ذُرِّيَّتِهٖ كَمَا صَلَّيْتَ
عَلٰى اٰلِ إِبْرَاهِيْمَ وَ بَارِكْ عَلٰى
مُحَمَّدٍ وَّ أَزْوَاجِهٖ وَ ذُرِّيَّتِهٖ
كَمَا بَارَكْتَ عَلٰى اٰلِ إِبْرَاهِيْمَ
إِنَّكَ حَمِيْدٌ مَّجِيْدٌ۔ (ابوداؤد شریف)

حدیث ١٣

اَللّٰهُمَّ صَلِّ عَلٰى مُحَمَّدٍ
وَّعَلٰى أَزْوَاجِهٖ وَ ذُرِّيَّتِهٖ

كَمَا صَلَّيْتَ عَلٰى اٰلِ إِبْرَاهِيْمَ

وَ بَارِكْ عَلٰى مُحَمَّدٍ وَّعَلٰى

أَزْوَاجِهٖ وَ ذُرِّيَّتِهٖ كَمَا بَارَكْتَ

عَلٰى اٰلِ إِبْرَاهِيْمَ إِنَّكَ حَمِيْدٌ

مَّجِيْدٌ۔ (مسلم شریف)

حدیث ۱۴

أَللّٰهُمَّ صَلِّ عَلٰى مُحَمَّدِنِ النَّبِيِّ

وَ أَزْوَاجِهٖ أُمَّهَاتِ الْمُؤْمِنِيْنَ

لہ حضرت ابوہریرہ رضی اللہ عنہ فرماتے ہیں کہ ارشاد فرمایا جناب رسول اللہ صلی اللہ علیہ وآلہ وسلم نے "جس شخص کو یہ بات پسند ہو کہ ہمارے گھرانے والوں پر درود شریف پڑھتے وقت ثواب کا پورا پیمانہ ملے، تو یہ درود شریف پڑھے۔"

وَ ذُرِّيَّتِهٖ وَ أَهْلِ بَيْتِهٖ كَمَا
صَلَّيْتَ عَلٰى إِبْرَاهِيْمَ إِنَّكَ
حَمِيْدٌ مَّجِيْدٌ۔ (ابوداؤد)

حدیث ۱۵

اَللّٰهُمَّ صَلِّ عَلٰى مُحَمَّدٍ[1]
وَّ عَلٰى اٰلِ مُحَمَّدٍ كَمَا صَلَّيْتَ
عَلٰى إِبْرَاهِيْمَ وَ عَلٰى اٰلِ إِبْرَاهِيْمَ
وَ بَارِكْ عَلٰى مُحَمَّدٍ وَّ عَلٰى
اٰلِ مُحَمَّدٍ كَمَا بَارَكْتَ عَلٰى

---

[1] حضرت ابوہریرہ رضی اللہ عنہ فرماتے ہیں کہ ارشاد فرمایا جناب رسول اللہ صلی اللہ علیہ وآلہ وسلم نے جو شخص یہ درود شریف پڑھے، قیامت کے دن میں اس کے لیے گواہی دوں گا اور شفاعت کروں گا۔

إِبْرَاهِيمَ، وَتَرَحَّمْ عَلَى مُحَمَّدٍ
وَّعَلَى اٰلِ مُحَمَّدٍ كَمَا تَرَحَّمْتَ
عَلَى إِبْرَاهِيمَ وَعَلَى اٰلِ إِبْرَاهِيمَ
(طبری)

حدیث ۱۶

اَللّٰهُمَّ صَلِّ عَلَى مُحَمَّدٍ
وَّعَلَى اٰلِ مُحَمَّدٍ كَمَا صَلَّيْتَ
عَلَى إِبْرَاهِيمَ وَعَلَى اٰلِ إِبْرَاهِيمَ
إِنَّكَ حَمِيدٌ مَّجِيدٌ، اَللّٰهُمَّ
بَارِكْ عَلَى مُحَمَّدٍ وَّعَلَى اٰلِ
مُحَمَّدٍ كَمَا بَارَكْتَ عَلَى

إِبْرَاهِيمَ وَعَلٰى اٰلِ إِبْرَاهِيمَ
إِنَّكَ حَمِيدٌ مَّجِيدٌ، اَللّٰهُمَّ تَرَحَّمْ
عَلٰى مُحَمَّدٍ وَّعَلٰى اٰلِ مُحَمَّدٍ
كَمَا تَرَحَّمْتَ عَلٰى إِبْرَاهِيمَ
وَعَلٰى اٰلِ إِبْرَاهِيمَ إِنَّكَ حَمِيدٌ
مَّجِيدٌ، اَللّٰهُمَّ تَحَنَّنْ عَلٰى
مُحَمَّدٍ وَّعَلٰى اٰلِ مُحَمَّدٍ
كَمَا تَحَنَّنْتَ عَلٰى إِبْرَاهِيمَ
وَعَلٰى اٰلِ إِبْرَاهِيمَ إِنَّكَ حَمِيدٌ
مَّجِيدٌ، اَللّٰهُمَّ سَلِّمْ عَلٰى

مُحَمَّدٍ وَّ عَلٰى اٰلِ مُحَمَّدٍ
كَمَا سَلَّمْتَ عَلٰى إِبْرَاهِيْمَ
وَعَلٰى اٰلِ إِبْرَاهِيْمَ إِنَّكَ
حَمِيْدٌ مَّجِيْدٌ. (سعایہ)

حدیث ۱۷

أَللّٰهُمَّ صَلِّ عَلٰى مُحَمَّدٍ
وَّعَلٰى اٰلِ مُحَمَّدٍ، وَّ بَارِكْ
وَسَلِّمْ عَلٰى مُحَمَّدٍ وَّ عَلٰى
اٰلِ مُحَمَّدٍ، وَّارْحَمْ مُحَمَّدًا
وَّ اٰلَ مُحَمَّدٍ كَمَا صَلَّيْتَ

وَبَارَكْتَ وَتَرَحَّمْتَ عَلٰى إِبْرَاهِيْمَ وَعَلٰى اٰلِ إِبْرَاهِيْمَ فِى الْعٰلَمِيْنَ إِنَّكَ حَمِيْدٌ مَّجِيْدٌ۔ (سعایہ)

١٨ حدیث

أَللّٰهُمَّ صَلِّ عَلٰى مُحَمَّدٍ وَّعَلٰى اٰلِ مُحَمَّدٍ كَمَا صَلَّيْتَ عَلٰى إِبْرَاهِيْمَ وَعَلٰى اٰلِ إِبْرَاهِيْمَ إِنَّكَ حَمِيْدٌ مَّجِيْدٌ، أَللّٰهُمَّ بَارِكْ عَلٰى مُحَمَّدٍ وَّعَلٰى اٰلِ

مُحَمَّدٍ كَمَا بَارَكْتَ عَلٰى
إِبْرَاهِيمَ وَعَلٰى اٰلِ إِبْرَاهِيمَ
إِنَّكَ حَمِيدٌ مَّجِيدٌ۔ (صحاح ستہ)

حدیث ۱۹

اَللّٰهُمَّ صَلِّ عَلٰى مُحَمَّدٍ
عَبْدِكَ وَرَسُولِكَ كَمَا صَلَّيْتَ
عَلٰى اٰلِ إِبْرَاهِيمَ وَبَارِكْ عَلٰى
مُحَمَّدٍ وَّعَلٰى اٰلِ مُحَمَّدٍ
كَمَا بَارَكْتَ عَلٰى اٰلِ إِبْرَاهِيمَ
إِنَّكَ حَمِيدٌ مَّجِيدٌ۔ (نسائی، ابن ماجہ)

حدیث ۲۰

اَللّٰهُمَّ صَلِّ عَلٰى مُحَمَّدِنِ النَّبِيِّ الْأُمِّيِّ وَعَلٰى اٰلِ مُحَمَّدٍ كَمَا صَلَّيْتَ عَلٰى إِبْرَاهِيْمَ وَبَارِكْ عَلٰى مُحَمَّدِنِ النَّبِيِّ الْأُمِّيِّ كَمَا بَارَكْتَ عَلٰى إِبْرَاهِيْمَ إِنَّكَ حَمِيْدٌ مَّجِيْدٌ (نسائی)

حدیث ۲۱

اَللّٰهُمَّ[1] صَلِّ عَلٰى مُحَمَّدٍ

---

[1] ابن ابی عاصم رضی اللہ عنہ فرماتے ہیں کہ ارشاد فرمایا جناب رسول اللہ صلی اللہ علیہ وآلہ وسلم نے کہ "جو کوئی سات جمعے تک ہر جمعہ کو سات بار اس درود شریف کو پڑھے، واجب ہو اس کے لیے شفاعت میری۔" (بخاری شریف)

عَبْدِكَ وَ رَسُوْلِكَ النَّبِيِّ الْأُمِّيِّ
وَعَلٰى اٰلِ مُحَمَّدٍ، اَللّٰهُمَّ صَلِّ
عَلٰى مُحَمَّدٍ وَّ عَلٰى اٰلِ مُحَمَّدٍ
صَلٰوةً تَكُوْنُ لَكَ رِضًى وَّ لَهٗ
جَزَآءً وَّ لِحَقِّهٖ أَدَآءً، وَّاَعْطِهِ
الْوَسِيْلَةَ وَ الْفَضِيْلَةَ وَ الْمَقَامَ
الْمَحْمُوْدَ الَّذِيْ وَعَدْتَّهٗ
وَ اجْزِهٖ عَنَّا مَا هُوَ أَهْلُهٗ
وَ اجْزِهٖ أَفْضَلَ مَا جَازَيْتَ
نَبِيًّا عَنْ قَوْمِهٖ وَ رَسُوْلًا عَنْ

أُمَّتِهٖ، وَصَلِّ عَلٰى جَمِيْعِ إِخْوَانِهٖ مِنَ النَّبِيِّيْنَ وَالصَّالِحِيْنَ يَا أَرْحَمَ الرَّاحِمِيْنَ۔ (بخاری شریف)

حدیث ۲۲

أَللّٰهُمَّ صَلِّ عَلٰى مُحَمَّدِنِ النَّبِيِّ الْأُمِّيِّ وَعَلٰى اٰلِ مُحَمَّدٍ كَمَا صَلَّيْتَ عَلٰى إِبْرَاهِيْمَ وَعَلٰى اٰلِ إِبْرَاهِيْمَ، وَبَارِكْ عَلٰى مُحَمَّدِنِ النَّبِيِّ الْأُمِّيِّ وَعَلٰى اٰلِ مُحَمَّدٍ كَمَا بَارَكْتَ عَلٰى

إِبْرَاهِيْمَ وَعَلٰى اٰلِ إِبْرَاهِيْمَ
إِنَّكَ حَمِيْدٌ مَّجِيْدٌ۔ (بیہقی)
(مسند احمد، مستدرک حاکم)

حدیث ۲۳

أَللّٰهُمَّ صَلِّ عَلٰى مُحَمَّدٍ
وَّعَلٰى أَهْلِ بَيْتِهٖ كَمَا صَلَّيْتَ
عَلٰى إِبْرَاهِيْمَ إِنَّكَ حَمِيْدٌ مَّجِيْدٌ
أَللّٰهُمَّ صَلِّ عَلَيْنَا مَعَهُمْ
أَللّٰهُمَّ بَارِكْ عَلٰى مُحَمَّدٍ
وَّعَلٰى أَهْلِ بَيْتِهٖ كَمَا بَارَكْتَ
عَلٰى إِبْرَاهِيْمَ إِنَّكَ حَمِيْدٌ مَّجِيْدٌ

اَللّٰهُمَّ بَارِكْ عَلَيْنَا مَعَهُمْ، صَلَوَاتُ اللهِ وَصَلَوَاتُ الْمُؤْمِنِيْنَ عَلٰى مُحَمَّدٍ النَّبِيِّ الْأُمِّيِّ.

(دارقطنی)

اَللّٰهُمَّ اجْعَلْ صَلَوَاتِكَ وَرَحْمَتَكَ وَبَرَكَاتِكَ عَلٰى مُحَمَّدٍ وَّعَلٰى اٰلِ مُحَمَّدٍ كَمَا جَعَلْتَهَا عَلٰى اٰلِ إِبْرَاهِيْمَ إِنَّكَ حَمِيْدٌ مَّجِيْدٌ، وَبَارِكْ

عَلٰى مُحَمَّدٍ وَّعَلٰى آلِ مُحَمَّدٍ
كَمَا بَارَكْتَ عَلٰى إِبْرَاهِيْمَ
وَعَلٰى آلِ إِبْرَاهِيْمَ إِنَّكَ
حَمِيْدٌ مَّجِيْدٌ۔ (مسند احمد)

حدیث ۲۵

وَصَلَّى اللّٰهُ عَلَى النَّبِيِّ الْأُمِّيِّ۔
(نسائی)

صِيَغُ السَّلَامِ

حدیث ۲۶

أَلتَّحِيَّاتُ لِلّٰهِ وَالصَّلَوَاتُ
وَالطَّيِّبَاتُ، أَلسَّلَامُ عَلَيْكَ

أَيُّهَا النَّبِيُّ وَ رَحْمَةُ اللّٰهِ وَ بَرَكَاتُهُ، أَلسَّلَامُ عَلَيْنَا وَعَلٰى عِبَادِ اللّٰهِ الصَّالِحِيْنَ أَشْهَدُ أَنْ لَّآ إِلٰهَ إِلَّا اللّٰهُ وَ أَشْهَدُ أَنَّ مُحَمَّدًا عَبْدُهُ وَ رَسُوْلُهُ۔ (بخاری شریف، نسائی)

حدیث ٢٧

أَلتَّحِيَّاتُ الطَّيِّبَاتُ الصَّلَوَاتُ لِلّٰهِ، أَلسَّلَامُ عَلَيْكَ أَيُّهَا النَّبِيُّ وَ رَحْمَةُ اللّٰهِ وَ بَرَكَاتُهُ

أَلسَّلَامُ عَلَيْنَا وَعَلٰى عِبَادِ اللّٰهِ
الصَّالِحِيْنَ، أَشْهَدُ أَنْ لَّآ إِلٰهَ
إِلَّا اللّٰهُ وَأَشْهَدُ أَنَّ مُحَمَّدًا
عَبْدُهٗ وَرَسُوْلُهٗ ۔ (مسلم، نسائی)

حدیث ۲۸

أَلتَّحِيَّاتُ لِلّٰهِ الطَّيِّبَاتُ
الصَّلَوَاتُ لِلّٰهِ، أَلسَّلَامُ عَلَيْكَ
أَيُّهَا النَّبِيُّ وَرَحْمَةُ اللّٰهِ
وَبَرَكَاتُهٗ۔ أَلسَّلَامُ عَلَيْنَا
وَعَلٰى عِبَادِ اللّٰهِ الصَّالِحِيْنَ

أَشْهَدُ أَنْ لَآ إِلٰهَ إِلَّا اللّٰهُ وَحْدَهٗ لَا شَرِيْكَ لَهٗ وَ أَشْهَدُ أَنَّ مُحَمَّدًا عَبْدُهٗ وَ رَسُوْلُهٗ - (نسائی)

حدیث ۲۹

أَلتَّحِيَّاتُ الْمُبَارَكَاتُ الصَّلَوَاتُ الطَّيِّبَاتُ لِلّٰهِ ، سَلَامٌ عَلَيْكَ أَيُّهَا النَّبِيُّ وَ رَحْمَةُ اللّٰهِ وَ بَرَكَاتُهٗ ، سَلَامٌ عَلَيْنَا وَعَلٰى عِبَادِ اللّٰهِ الصَّالِحِيْنَ أَشْهَدُ أَنْ لَآ إِلٰهَ إِلَّا اللّٰهُ

وَ أَشْهَدُ أَنَّ مُحَمَّدًا عَبْدُهٗ
وَ رَسُوْلُهٗ ۔ (نسائی شریف)

حدیث ۳۰

بِسْمِ اللّٰهِ وَ بِاللّٰهِ ، أَلتَّحِيَّاتُ
لِلّٰهِ وَ الصَّلَوَاتُ وَ الطَّيِّبَاتُ
أَلسَّلَامُ عَلَيْكَ أَيُّهَا النَّبِيُّ
وَ رَحْمَةُ اللّٰهِ وَ بَرَكَاتُهٗ ،
أَلسَّلَامُ عَلَيْنَا وَ عَلٰى عِبَادِ
اللّٰهِ الصَّالِحِيْنَ ، أَشْهَدُ أَنْ لَّآ
إِلٰهَ إِلَّا اللّٰهُ وَ أَشْهَدُ أَنَّ مُحَمَّدًا

عَبْدُهٗ وَ رَسُوْلُهٗ ، أَسْأَلُ اللّٰهَ الْجَنَّةَ وَ أَعُوْذُ بِاللّٰهِ مِنَ النَّارِ

(نسائی)

۳۱ علیشا

أَلتَّحِيَّاتُ لِلّٰهِ الزَّاكِيَاتُ لِلّٰهِ الطَّيِّبَاتُ الصَّلَوَاتُ لِلّٰهِ أَلسَّلَامُ عَلَيْكَ أَيُّهَا النَّبِيُّ وَ رَحْمَةُ اللّٰهِ وَ بَرَكَاتُهٗ أَلسَّلَامُ عَلَيْنَا وَ عَلٰى عِبَادِ اللّٰهِ الصَّالِحِيْنَ ، أَشْهَدُ أَنْ لَّآ إِلٰهَ إِلَّا اللّٰهُ وَ أَشْهَدُ أَنَّ مُحَمَّدًا

عَبْدُهٗ وَرَسُوْلُهٗ۔ (مؤطا)

حدیث ۳۲

بِسْمِ اللّٰهِ وَبِاللّٰهِ خَيْرِ الْأَسْمَآءِ
أَلتَّحِيَّاتُ الطَّيِّبَاتُ الصَّلَوَاتُ
لِلّٰهِ، أَشْهَدُ أَنْ لَّآ إِلٰهَ إِلَّا اللّٰهُ
وَحْدَهٗ لَا شَرِيْكَ لَهٗ وَأَشْهَدُ
أَنَّ مُحَمَّدًا عَبْدُهٗ وَرَسُوْلُهٗ
أَرْسَلَهٗ بِالْحَقِّ بَشِيْرًا وَّنَذِيْرًا،
وَأَنَّ السَّاعَةَ اٰتِيَةٌ لَّا رَيْبَ فِيْهَا
أَلسَّلَامُ عَلَيْكَ أَيُّهَا النَّبِيُّ

وَ رَحْمَةُ اللهِ وَ بَرَكَاتُهُ، أَلسَّلَامُ
عَلَيْنَا وَ عَلٰى عِبَادِ اللهِ الصَّالِحِيْنَ
أَللّٰهُمَّ اغْفِرْلِيْ وَ اهْدِنِيْ۔ (معجم طبرانی)

حدیث ٣٣

أَلتَّحِيَّاتُ الطَّيِّبَاتُ وَالصَّلَوَاتُ
وَ الْمُلْكُ لِلّٰهِ، أَلسَّلَامُ عَلَيْكَ
أَيُّهَا النَّبِيُّ وَ رَحْمَةُ اللهِ
وَبَرَكَاتُهُ۔ (ابوداؤد)

حدیث ٣٤

بِسْمِ اللهِ، أَلتَّحِيَّاتُ لِلّٰهِ

الصَّلَوَاتُ لِلّٰهِ الزَّاكِيَاتُ لِلّٰهِ
أَلسَّلَامُ عَلَى النَّبِيِّ وَ رَحْمَةُ
اللّٰهِ وَ بَرَكَاتُهٗ، أَلسَّلَامُ عَلَيْنَا
وَ عَلٰى عِبَادِ اللّٰهِ الصَّالِحِيْنَ
شَهِدْتُّ أَنْ لَّآ إِلٰهَ إِلَّا اللّٰهُ
شَهِدْتُّ أَنَّ مُحَمَّدًا رَّسُوْلُ اللّٰهِ (موطا)

حدیث ۳۵

أَلتَّحِيَّاتُ الطَّيِّبَاتُ الصَّلَوَاتُ
الزَّاكِيَاتُ لِلّٰهِ، أَشْهَدُ أَنْ لَّآ إِلٰهَ
إِلَّا اللّٰهُ وَحْدَهٗ لَا شَرِيْكَ لَهٗ

وَأَنَّ مُحَمَّدًا عَبْدُهٗ وَرَسُوْلُهٗ
أَلسَّلَامُ عَلَيْكَ أَيُّهَا النَّبِيُّ
وَرَحْمَةُ اللّٰهِ وَبَرَكَاتُهٗ، أَلسَّلَامُ
عَلَيْنَا وَعَلٰى عِبَادِ اللّٰهِ الصَّالِحِيْنَ-(رط)

حدیث ۳۶

أَلتَّحِيَّاتُ الطَّيِّبَاتُ الصَّلَوَاتُ
الزَّاكِيَاتُ لِلّٰهِ، أَشْهَدُ أَنْ لَّآ إِلٰهَ إِلَّا اللّٰهُ
وَأَشْهَدُ أَنَّ مُحَمَّدًا عَبْدُ اللّٰهِ
وَرَسُوْلُهٗ، أَلسَّلَامُ عَلَيْكَ أَيُّهَا
النَّبِيُّ وَرَحْمَةُ اللّٰهِ وَبَرَكَاتُهٗ

أَلسَّلَامُ عَلَيْنَا وَعَلٰى عِبَادِ اللّٰهِ
الصَّالِحِيْنَ۔ (مؤطا)

حدیث ۳۷

أَلتَّحِيَّاتُ الصَّلَوَاتُ لِلّٰهِ، أَلسَّلَامُ
عَلَيْكَ أَيُّهَا النَّبِيُّ وَرَحْمَةُ اللّٰهِ
وَبَرَكَاتُهُ، أَلسَّلَامُ عَلَيْنَا
وَعَلٰى عِبَادِ اللّٰهِ الصَّالِحِيْنَ۔
(طحاوی)

حدیث ۳۸

أَلتَّحِيَّاتُ لِلّٰهِ الصَّلَوَاتُ
الطَّيِّبَاتُ، أَلسَّلَامُ عَلَيْكَ

أَيُّهَا النَّبِيُّ وَ رَحْمَةُ اللّٰهِ أَلسَّلَامُ
عَلَيْنَا وَ عَلٰى عِبَادِ اللّٰهِ الصَّالِحِيْنَ
أَشْهَدُ أَنْ لَّآ إِلٰهَ إِلَّا اللّٰهُ
وَ أَشْهَدُ أَنَّ مُحَمَّدًا عَبْدُهٗ
وَ رَسُوْلُهٗ۔ (ابوداؤد)

٣٩ حدیث

أَلتَّحِيَّاتُ الْمُبَارَكَاتُ الصَّلَوَاتُ
الطَّيِّبَاتُ لِلّٰهِ، أَلسَّلَامُ عَلَيْكَ
أَيُّهَا النَّبِيُّ وَ رَحْمَةُ اللّٰهِ وَبَرَكَاتُهٗ
أَلسَّلَامُ عَلَيْنَا وَ عَلٰى عِبَادِ اللّٰهِ

الصَّالِحِينَ أَشْهَدُ أَنْ لَّآ إِلٰهَ
إِلَّا اللهُ وَ أَشْهَدُ أَنَّ مُحَمَّدًا
رَّسُولُ اللهِ۔ (مسلم شریف)

حدیث ۴۰

بِسْمِ اللهِ وَ السَّلَامُ عَلٰى
رَسُولِ اللهِ۔ (المستدرک للحاکم)

کتبہ نفیس الحسینی غفر اللہ لہ ولوالدیہ ولمشائخہ

ترجمہ صلوٰۃ وسلام

بِسْمِ اللهِ الرَّحْمٰنِ الرَّحِيْمِ

(۱).......اے اللہ درود نازل فرما محمدﷺ اور آل محمدﷺ پر درود نازل فرما اور آپ کو ایسے ٹھکانے پر پہنچا جو تیرے نزدیک مقرّب ہو۔ (طبرانی)

(۲).......اے اللہ (قیامت تک) قائم رہنے والی اس پکار اور نفع دینے والی نماز کے مالک درود نازل فرما محمدﷺ پر اور مجھ سے ہمیشہ کے لئے راضی ہوجا۔

(۳).......اے اللہ درود نازل فرما محمدﷺ پر جو تیرے بندے اور رسول ہیں اور درود نازل فرما سارے مؤمن مردوں اور ساری مؤمن عورتوں اور سارے مسلمان مردوں اور ساری مسلمان عورتوں پر۔

(۴).......اے اللہ درود نازل فرما محمدﷺ اور آل محمدﷺ اور برکت نازل فرما محمدﷺ اور آل محمدﷺ پر اور رحمت نازل فرما محمدﷺ اور آل محمدﷺ پر جیسا کہ تو نے درود و برکت نازل فرمائی و رحمت نازل فرمائی ابراہیم علیہ السلام پر اور

ابراہیم علیہ السلام کی آل پر بے شک تو تعریف کا مستحق بڑی بزرگی والا ہے۔

(۵)......اے اللہ درود نازل فرما محمد صلی اللہ علیہ وآلہ وسلم اور آل محمد صلی اللہ علیہ وآلہ وسلم پر جس طرح تو نے درود نازل فرمایا آل ابراہیم علیہ السلام پر بے شک تو تعریف کا مستحق بڑی بزرگی والا ہے۔، اے اللہ برکت نازل فرما محمد صلی اللہ علیہ وآلہ وسلم پر اور آل محمد صلی اللہ علیہ وآلہ وسلم پر جس طرح آپ نے برکت نازل فرمائی ابراہیم علیہ السلام کی اولاد پر بے شک تو تعریف کا مستحق بڑی بزرگی والا ہے۔۔

(۶)......اے اللہ درود نازل فرما محمد صلی اللہ علیہ وآلہ وسلم اور آل محمد صلی اللہ علیہ وآلہ وسلم پر جیسا کہ تو نے درود نازل فرمایا آل ابراہیم علیہ السلام پر بے شک تو تعریف کا مستحق بڑی بزرگی والا ہے۔ اور برکت نازل فرما محمد صلی اللہ علیہ وآلہ وسلم اور آل محمد صلی اللہ علیہ وآلہ وسلم پر جیسا کہ تو نے برکت نازل فرمائی ابراہیم علیہ السلام کی اولاد پر بے شک تو تعریف کا مستحق بڑی بزرگی والا ہے۔

(۷)......اے اللہ درود نازل فرما محمد صلی اللہ علیہ وآلہ وسلم اور آل محمد صلی اللہ علیہ وآلہ وسلم پر جس طرح تو نے درود نازل فرمایا ابراہیم علیہ السلام پر بے شک تو تعریف کا مستحق بڑی بزرگی والا ہے، اے اللہ برکت نازل فرما محمد

صلی اللہ علیہ وآلہ وسلم اور آل محمد صلی اللہ علیہ وآلہ وسلم پر جس طرح تو نے ابراہیم علیہ السلام پر برکت نازل فرمائی بے شک تو تعریف کا مستحق بڑی بزرگی والا ہے۔

(۸)......اے اللہ درود نازل فرما محمد صلی اللہ علیہ وآلہ وسلم اور آل محمد صلی اللہ علیہ وآلہ وسلم پر جس طرح تو نے درود نازل فرمایا ابراہیم علیہ السلام پر اور آل ابراہیم علیہ السلام پر بے شک تو تعریف کا مستحق بڑی بزرگی والا ہے اور برکت نازل فرما محمد صلی اللہ علیہ وآلہ وسلم اور آل محمد صلی اللہ علیہ وآلہ وسلم پر جیسا کہ تو نے برکت نازل فرمائی ابراہیم علیہ السلام پر بے شک تو تعریف کا مستحق بڑی بزرگی والا ہے۔

(۹)......اے اللہ درود نازل فرما محمد صلی اللہ علیہ وآلہ وسلم اور آل محمد صلی اللہ علیہ وآلہ وسلم پر جس طرح تو نے درود نازل فرمایا ابراہیم علیہ السلام پر اور برکت نازل فرما محمد صلی اللہ علیہ وآلہ وسلم اور آل محمد صلی اللہ علیہ وآلہ وسلم پر جس طرح تو نے برکت نازل فرمائی ابراہیم علیہ السلام پر بے شک تو تعریف کا مستحق بڑی بزرگی والا ہے۔

(۱۰)......اے اللہ درود نازل فرما محمد صلی اللہ علیہ وآلہ وسلم اور آل محمد صلی اللہ علیہ وآلہ وسلم پر جیسا کہ تو نے درود نازل فرمایا ابراہیم علیہ السلام پر بے شک تو تعریف کا مستحق بڑی بزرگی والا ہے۔ اے اللہ برکت نازل فرما

محمد صلی اللہ علیہ وآلہ وسلم اور آل محمد صلی اللہ علیہ وآلہ وسلم پر جیسا کہ تو نے ابراہیم علیہ السلام کی اولاد پر برکت نازل فرمائی بے شک تو تعریف کا مستحق بڑی بزرگی والا ہے۔

(۱۱)......اے اللہ درود نازل فرما محمد صلی اللہ علیہ وآلہ وسلم اور آل محمد صلی اللہ علیہ وآلہ وسلم پر جس طرح تو نے درود نازل فرمایا آل ابراہیم علیہ السلام پر اور برکت نازل فرما محمد صلی اللہ علیہ وآلہ وسلم اور آل محمد صلی اللہ علیہ وآلہ وسلم پر جس طرح تو نے ابراہیم علیہ السلام کی اولاد پر برکت نازل فرمائی سارے جہانوں میں۔ بے شک تو تعریف کا مستحق بڑی بزرگی والا ہے۔

(۱۲)......اے اللہ درود نازل فرما محمد صلی اللہ علیہ وآلہ وسلم اور آپ کی ازواج مطہرات اور اولاد پر جس طرح تو نے ابراہیم علیہ السلام کی اولاد پر درود نازل فرمایا اور برکت نازل فرما محمد صلی اللہ علیہ وآلہ وسلم اور آپ کی ازواج مطہرات اور اولاد پر جس طرح تو نے برکت نازل فرمائی ابراہیم علیہ السلام کی اولاد پر۔ بے شک تو تعریف کا مستحق بڑی بزرگی والا ہے۔

(۱۳)......اے اللہ درود نازل فرما محمد صلی اللہ علیہ وآلہ وسلم اور آپ کی ازواج مطہرات اور اولاد پر جس طرح تو نے ابراہیم علیہ السلام کی اولاد پر درود نازل فرمایا اور برکت نازل فرما محمد صلی اللہ علیہ وآلہ وسلم اور آپ کی بیبیوں

اور اولاد پر جس طرح برکت نازل فرمائی آل ابراہیم علیہ السلام پر بے شک تو تعریف کا مستحق بڑی بزرگی والا ہے۔

(۱۴)......اے اللہ درود نازل فرما نبی اکرم محمد صلی اللہ علیہ وآلہ وسلم پر اور آپ کی ازواج مطہرات رضی اللہ عنہن پر جو سارے مسلمانوں کی مائیں ہیں اور آپ کی اولاد اور آپ کے اہلِ بیت پر جیسا کہ تو نے درود نازل فرمایا ابراہیم علیہ السلام پر بے شک تو تعریف کا مستحق بڑی بزرگی والا ہے۔

(۱۵)......اے اللہ درود نازل فرما محمد صلی اللہ علیہ وآلہ وسلم پر اور محمد صلی اللہ علیہ وآلہ وسلم کی اولاد پر جیسا کہ درود نازل فرمایا آپ نے ابراہیم علیہ السلام اور ال ابراہیم علیہ السلام پر اور برکت نازل فرما محمد صلی اللہ علیہ وآلہ وسلم اور ال محمد صلی اللہ علیہ وآلہ وسلم پر جس طرح تو نے برکت نازل فرمائی حضرت ابراہیم علیہ السلام پر اور رحمت بھیج محمد صلی اللہ علیہ وآلہ وسلم پر اور ال محمد صلی اللہ علیہ وآلہ وسلم پر جس طرح تو نے رحمت بھیجی ابراہیم علیہ السلام اور ابراہیم علیہ السلام کی اولاد پر۔

(۱۶)......اے اللہ درود نازل فرما محمد صلی اللہ علیہ وآلہ وسلم اور ال محمد صلی اللہ علیہ وآلہ وسلم پر جیسا کہ تو نے درود نازل فرمایا ابراہیم علیہ السلام اور ال ابراہیم علیہ السلام پر بے شک تو تعریف کا مستحق بڑی بزرگی والا ہے، اے اللہ

برکت نازل فرما محمد صلی اللہ علیہ وآلہ وسلم پر اور ال محمد صلی اللہ علیہ وآلہ وسلم پر جس طرح تو نے برکت نازل فرمائی ابراہیم علیہ السلام پر اور ابراہیم علیہ السلام کی اولاد پر بے شک تو تعریف کا مستحق بڑی بزرگی والا ہے۔ اے اللہ تو رحمت بھیج محمد صلی اللہ علیہ وآلہ وسلم اور محمد صلی اللہ علیہ وآلہ وسلم کی اولاد پر جس طرح تو نے حضرت ابراہیم علیہ السلام پر رحمت بھیجی اور ابراہیم علیہ السلام کی اولاد پر رحمت بھیجی بیشک تو بڑی بزرگی والا ہے۔ اے اللہ محمد صلی اللہ علیہ وآلہ وسلم اور محمد صلی اللہ علیہ وآلہ وسلم کی اولاد پر محبت آمیز شفقت فرما جس طرح تو نے حضرت ابراہیم علیہ السلام اور حضرت ابراہیم علیہ السلام کی اولاد پر محبت آمیز شفقت فرمائی بے شک تو تعریف کا مستحق بڑی بزرگی والا ہے۔ اے اللہ سلام بھیج محمد صلی اللہ علیہ وآلہ وسلم اور محمد صلی اللہ علیہ وآلہ وسلم کی اولاد پر جس طرح تو نے حضرت ابراہیم علیہ السلام اور حضرت ابراہیم علیہ السلام کی اولاد پر سلام بھیجا بے شک تو تعریف کا مستحق بڑی بزرگی والا ہے۔

(۱۷)......اے اللہ درود نازل فرما محمد صلی اللہ علیہ وآلہ وسلم اور محمد صلی اللہ علیہ وآلہ وسلم کی ال پر اور برکت وسلام بھیج محمد صلی اللہ علیہ وآلہ وسلم اور محمد صلی اللہ علیہ وآلہ وسلم کی اولاد پر اور رحمت فرما محمد صلی اللہ علیہ وآلہ وسلم اور محمد صلی اللہ علیہ وآلہ وسلم کی اولاد پر جیسا تو نے درود و برکت و رحمت نازل فرمائی ابراہیم علیہ السلام اور ال ابراہیم علیہ

السلام پر سارے جہانوں میں بے شک تو تعریف کا مستحق بڑی بزرگی والا ہے۔

(۱۸)......اے اللہ محمد صلی اللہ علیہ وآلہ وسلم پر درود نازل فرما اور محمد صلی اللہ علیہ وآلہ وسلم کی اولاد پر درود نازل فرما جس طرح تو نے حضرت ابراہیم علیہ السلام اور حضرت ابراہیم علیہ السلام کی اولاد پر درود نازل فرمایا بے شک تو تعریف کا مستحق بڑی بزرگی والا ہے۔ اے اللہ محمد صلی اللہ علیہ وآلہ وسلم اور محمد صلی اللہ علیہ وآلہ وسلم کی اولاد پر برکت نازل فرما جس طرح تو نے ابراہیم علیہ السلام اور ابراہیم علیہ السلام کی اولاد پر برکت نازل فرمائی بے شک تو تعریف کا مستحق بڑی بزرگی والا ہے۔

(۱۹)......اے اللہ اپنے بندے اور رسول محمد صلی اللہ علیہ وآلہ وسلم پر درود نازل فرما جیسا کہ تو نے حضرت ابراہیم علیہ السلام کی اولاد پر درود نازل فرمایا اور محمد صلی اللہ علیہ وآلہ وسلم اور ال محمد صلی اللہ علیہ وآلہ وسلم پر برکت نازل فرما جس طرح تو نے حضرت ابراہیم علیہ السلام کی اولاد پر برکت نازل فرمائی بے شک تو تعریف کا مستحق بڑی بزرگی والا ہے۔ (نسائی، ابن ماجہ)

(۲۰)......اے اللہ درود نازل فرما نبی اُمّی محمد صلی اللہ علیہ وآلہ وسلم اور محمد صلی اللہ علیہ وآلہ وسلم کی اولاد پر جس طرح تو نے حضرت ابراہیم علیہ السلام پر

درود نازل فرمایا اور برکت نازل فرما نبی اُمّی محمد صلی اللہ علیہ وآلہ وسلم پر جس طرح تو نے حضرت ابراہیم علیہ السلام پر برکت نازل فرمائی بے شک تو تعریف کا مستحق بڑی بزرگی والا ہے۔

(۲۱)......اے اللہ اپنے (منتخب) بندے اور اپنے رسول نبی اُمّی محمد صلی اللہ علیہ وآلہ وسلم پر اور محمد صلی اللہ علیہ وآلہ وسلم کی اولاد پر درود نازل فرما۔ اے اللہ محمد صلی اللہ علیہ وآلہ وسلم اور محمد صلی اللہ علیہ وآلہ وسلم کی اولاد پر ایسا درود نازل فرما جو تیری رضا کا ذریعہ ہو اور حضور صلی اللہ علیہ وآلہ وسلم کے لیے پورا بدلہ ہو اور آپ کے حق کی ادائیگی ہو اور آپ کو وسیلہ اور فضیلت اور مقام محمود جس کا تو نے وعدہ کیا ہے عطا فرما اور حضور کو ہماری طرف سے ایسی جزا عطا فرما جو آپ کے شان عالی کے لائق ہو اور آپ کو ان سب سے افضل بدلہ عطا فرما جو تو نے کسی نبی کو اس کی قوم کی طرف سے اور کسی رسول کو اس کی امت کی طرف سے عطا فرمایا ہو اور حضور صلی اللہ علیہ وآلہ وسلم کے تمام برادران انبیاء وصالحین پر درود نازل فرما اے سب سے زیادہ رحم فرمانے والے۔

(۲۲)......اے اللہ درود نازل فرما نبی اُمّی محمد صلی اللہ علیہ وآلہ وسلم اور محمد صلی اللہ علیہ وآلہ وسلم کی اولاد پر جیسا تو نے درود نازل فرمایا حضرت ابراہیم علیہ السلام اور حضرت ابراہیم علیہ السلام کی اولاد پر اور برکت

نازل فرما نبی اُمّی محمد صلی اللہ علیہ وآلہ وسلم اور محمد صلی اللہ علیہ وآلہ وسلم کی اولاد پر جیسا تو نے برکت نازل فرمائی حضرت ابراہیم علیہ السلام اور حضرت ابراہیم علیہ السلام کی اولاد پر بے شک تو تعریف کا مستحق بڑی بزرگی والا ہے۔

(۲۳)......اے اللہ درود نازل فرما محمد صلی اللہ علیہ وآلہ وسلم پر اور آپ کے گھر والوں پر جیسا تو نے حضرت ابراہیم علیہ السلام پر درود نازل فرمایا بے شک تو تعریف کا مستحق بڑی بزرگی والا ہے۔اے اللہ ہمارے اوپر ان کے ساتھ درود نازل فرما اے اللہ برکت نازل فرما محمد صلی اللہ علیہ وآلہ وسلم پر اور آپ کے گھر والوں پر جیسا کہ تو نے برکت نازل فرمائی حضرت ابراہیم علیہ السلام پر بے شک تو تعریف کا مستحق بڑی بزرگی والا ہے۔اے اللہ ہمارے اُوپر ان کے ساتھ برکت نازل فرما۔ اللہ تعالیٰ کے بکثرت درود اور بکثرت درود مؤمنین کے نبی اُمّی محمد صلی اللہ علیہ وآلہ وسلم پر نازل ہوں۔

(۲۴)......اے اللہ اپنے درود اور اپنی رحمت اور اپنی برکتیں محمد صلی اللہ علیہ وآلہ وسلم اور محمد صلی اللہ علیہ وآلہ وسلم کی اولاد پر نازل فرما جیسا تو نے حضرت ابراہیم علیہ السلام کی اولاد پر فرمائیں بے شک تو تعریف کا مستحق بڑی بزرگی والا ہے اور برکت فرما محمد صلی اللہ علیہ وآلہ وسلم اور محمد صلی اللہ علیہ وآلہ وسلم کی

اولاد پر جیسا تو نے برکت نازل فرمائی حضرت ابراہیم علیہ السلام اور حضرت ابراہیم علیہ السلام کی اولاد پر بے شک تو تعریف کا مستحق بڑی بزرگی والا ہے۔

(۲۵)......اور اللہ تعالیٰ درود نازل فرما نبی امّی پر۔

(۲۶)......ساری زبانی، جسمانی اور مالی عبادتیں اللہ تعالیٰ کے لیے ہیں، سلام ہو آپ پر اے نبی اور اللہ کی رحمت اور اس کی برکتیں آپ پر نازل ہوں سلام ہو ہم پر اور اللہ کے نیک بندوں پر میں اس بات کی شہادت دیتا ہوں کہ بیشک اللہ کے سوا کوئی معبود نہیں اور شہادت دیتا ہوں کہ بے شک محمد صلی اللہ علیہ وآلہ وسلم اللہ کے بندے اور اس کے رسول ہیں۔

(۲۷)......ساری زبانی، جسمانی اور مالی عبادتیں اللہ تعالیٰ کے لیے ہیں، اے نبی صلی اللہ علیہ وآلہ وسلم آپ پر سلام اور اللہ کی رحمت اور اس کی برکتیں نازل ہوں، سلام ہو ہم پر اور اللہ کے نیک بندوں پر، میں گواہی دیتا ہوں اس بات کی کہ اللہ کے سوا کوئی معبود نہیں اور گواہی دیتا ہوں کہ بے شک محمد صلی اللہ علیہ وآلہ وسلم اللہ کے بندے اور اس کے رسول ہیں۔

(۲۸)......ساری زبانی، جسمانی اور مالی عبادتیں اللہ تعالیٰ کے لیے ہیں آپ پر سلام ہو اے نبی صلی اللہ علیہ وآلہ وسلم اور اللہ کی رحمت اور اس

کی برکتیں نازل ہوں، سلام ہو ہم پر اور اللہ کے نیک بندوں پر میں شہادت دیتا ہوں کہ اللہ کے سوا کوئی معبود نہیں وہ تنہا ہے اس کا کوئی شریک نہیں ہے اور شہادت دیتا ہوں کہ محمد صلی اللہ علیہ وآلہ وسلم اللہ کے بندے اور اس کے رسول ہیں۔

(۲۹)......ساری زبانی، جسمانی اور مالی عبادتیں اللہ تعالیٰ کے لیے ہیں۔ سلام ہو آپ پر اے نبی اور اللہ کی رحمت اور برکتیں ہوں سلام ہو ہم پر اور اللہ کے نیک بندوں پر میں گواہی دیتا ہوں کہ بے شک اللہ کے سوا کوئی معبود نہیں اور گواہی دیتا ہوں کہ بیشک محمد صلی اللہ علیہ وآلہ وسلم اللہ کے بندے اور اس کے رسول ہیں۔

(۳۰)......اللہ کے نام سے شروع کرتا ہوں اور اللہ کی توفیق سے شروع کرتا ہوں ساری زبانی، جسمانی اور مالی عبادتیں اللہ تعالیٰ کے لیے ہیں، سلام ہو آپ پر اے نبی اور اللہ کی رحمت اور اس کی برکتیں ہوں، سلام ہو ہم پر اور اللہ کے نیک بندوں پر میں شہادت دیتا ہوں کہ بے شک اللہ کے سوا کوئی معبود نہیں اور شہادت دیتا ہوں کہ بیشک محمد صلی اللہ علیہ وآلہ وسلم اللہ کے بندے اور اس کے رسول ہیں۔ اللہ تعالیٰ سے میں درخواست کرتا ہوں جنت کی اور جہنم سے اللہ کی پناہ چاہتا ہوں۔

(۳۱)......ساری پاکیزہ زبانی، جسمانی اور مالی عبادتیں اللہ تعالیٰ کے لیے ہیں۔ سلام ہو آپ پر اے نبی صلی اللہ علیہ وآلہ وسلم اور اللہ کی رحمت اور اس کی برکتیں ہوں۔ سلام ہو ہم پر اور اللہ کے نیک بندوں پر میں شہادت دیتا ہوں کہ بیشک اللہ تعالیٰ کے سوا کوئی معبود نہیں اور شہادت دیتا ہوں کہ بیشک محمد صلی اللہ علیہ وآلہ وسلم اللہ کے بندے اور اس کے رسول ہیں۔

(۳۲)......اللہ کے نام سے شروع کرتا ہوں اور اللہ ہی کی توفیق سے جو سارے ناموں میں سب سے بہتر نام ہے ساری زبانی، جسمانی اور مالی عبادتیں اللہ تعالیٰ کے لیے ہیں میں گواہی دیتا ہوں کہ بیشک اللہ کے سوا کوئی معبود نہیں وہ تنہا ہے اس کا کوئی شریک نہیں اور گواہی دیتا ہوں کہ بلاشک محمد صلی اللہ علیہ وآلہ وسلم اللہ کے بندے اور اس کے رسول ہیں۔ آپ کو حق کے ساتھ فرمانبرداروں کے لیے خوشخبری دینے والا نافرمانوں کے لیے ڈرانے والا بنا کر بھیجا اور اس بات کی گواہی دیتا ہوں کہ قیامت آنے والی ہے اس میں کوئی شک نہیں۔ سلام ہو آپ پر اے نبی صلی اللہ علیہ وآلہ وسلم اور اللہ کی رحمت اور اس کی برکتیں ہوں سلام ہو ہم پر اور اللہ کے نیک بندوں پر اے اللہ میری مغفرت فرما اور مجھ کو ہدایت دے۔

(۳۳)......ساری زبانی، جسمانی اور مالی عبادتیں اور ملک اللہ کے

لیے ہے سلام ہو آپ پر اے نبی صلی اللہ علیہ وآلہ وسلم اور اللہ کی رحمت اور اس کی برکتیں ہوں۔

(۳۴)......اللہ کے نام سے شروع کرتا ہوں ساری پاکیزہ زبانی، جسمانی اور مالی عبادتیں اللہ تعالیٰ کے لیے ہیں۔ سلام ہو نبی پر اور اللہ کی رحمت اور اس کی برکتیں ہوں۔ سلام ہو ہم پر اور اللہ کے نیک بندوں پر۔ میں نے اس بات کی گواہی دی کہ بلاشک اللہ کے سوا کوئی معبود نہیں اور میں نے گواہی دی کہ بلاشک محمد صلی اللہ علیہ وآلہ وسلم اللہ کے رسول ہیں۔

(۳۵)......ساری پاکیزہ زبانی، جسمانی اور مالی عبادتیں اللہ تعالیٰ کے لیے ہیں۔ میں شہادت دیتا ہوں کہ بیشک اللہ کے سوا کوئی معبود نہیں وہ تنہا ہے اس کا کوئی شریک نہیں اور بے شک محمد صلی اللہ علیہ وآلہ وسلم اللہ کے بندے اور اس کے رسول ہیں۔ سلام ہو آپ پر اے نبی صلی اللہ علیہ وآلہ وسلم اور اللہ کی رحمت اور اس کی برکتیں ہوں، سلام ہو ہم پر اور اللہ کے نیک بندوں پر۔

(۳۶)......ساری پاکیزہ زبانی، جسمانی اور مالی عبادتیں اللہ تعالیٰ کے لیے ہیں میں شہادت دیتا ہوں کہ بیشک اللہ کے سوا کوئی معبود نہیں اور گواہی دیتا ہوں کہ محمد صلی اللہ علیہ وآلہ وسلم اللہ کے بندے اور اس کے

رسول ہیں۔ سلام ہو آپ پر اے نبی صلی اللہ علیہ وآلہ وسلم اور اللہ کی رحمت اور اس کی برکتیں ہوں، سلام ہو ہم پر اور اللہ کے نیک بندوں پر۔

(۳۷)......ساری زبانی اور جسمانی عبادتیں اللہ تعالیٰ کے لیے ہیں سلام ہو آپ پر اے نبی صلی اللہ علیہ وآلہ وسلم اور اللہ کی رحمت اور اس کی برکتیں ہوں، سلام ہو ہم پر اور اللہ کے نیک بندوں پر۔

(۳۸)......ساری زبانی، جسمانی اور مالی عبادتیں اللہ تعالیٰ کے لیے ہیں، سلام ہو آپ پر اے نبی صلی اللہ علیہ وآلہ وسلم اور اللہ کی رحمت ہو۔ سلام ہو ہم پر اور اللہ کے نیک بندوں پر۔ میں گواہی دیتا ہوں کہ بلا شک اللہ کے سوا کوئی معبود نہیں اور میں گواہی دیتا ہوں کہ محمد صلی اللہ علیہ وآلہ وسلم بلا شک اللہ کے بندے اور اس کے رسول ہیں۔

(۳۹)......ساری بابرکت زبانی، جسمانی اور مالی عبادتیں اللہ تعالیٰ کے لیے ہیں۔ سلام ہو آپ پر اے نبی اور اللہ کی رحمت اور اس کی برکتیں ہوں۔ سلام ہو ہم پر اور اللہ کے نیک بندوں پر۔ میں شہادت دیتا ہوں کہ بے شک اللہ کے سوا کوئی معبود نہیں اور شہادت دیتا ہوں کہ بے شک محمد صلی اللہ علیہ وآلہ وسلم اللہ کے رسول ہیں۔

(۴۰)......اللہ کے نام سے شروع کرتا ہوں اور سلام ہو اللہ کے رسول پر۔

محفل کے اختتام کی دعا

سُبْحٰنَ رَبِّكَ رَبِّ الْعِزَّةِ عَمَّا يَصِفُوْنَ ﴿۱۸۰﴾

وَسَلٰمٌ عَلَى الْمُرْسَلِيْنَ ﴿۱۸۱﴾

وَالْحَمْدُ لِلّٰهِ رَبِّ الْعٰلَمِيْنَ ﴿۱۸۲﴾

ترجمہ: ''پاک ہے تیرا رب جو کچھ یہ آپ کے ربّ سے منسوب کررہے ہیں آپ کا ربّ اس سے بری ہے۔ وہ تمام قوتوں کا مالک ہے اور تمام رسولوں پر سلامتی ہو اور تمام تعریفیں اللہ کے لئے ہیں جو تمام جہانوں کا پالنے والا ہے۔''

یاداشتیں

اللّٰھُمَّ

صَلِّ عَلٰی مُحَمَّدٍ وَّعَلٰی اٰلِ مُحَمَّدٍ

کَمَا صَلَّیْتَ عَلٰی اِبْرَاھِیْمَ وَعَلٰی اٰلِ اِبْرَاھِیْمَ

اِنَّکَ حَمِیْدٌ مَّجِیْدٌ

اللّٰھُمَّ

بَارِکْ عَلٰی مُحَمَّدٍ وَّعَلٰی اٰلِ مُحَمَّدٍ

کَمَا بَارَکْتَ عَلٰی اِبْرَاھِیْمَ وَعَلٰی اٰلِ اِبْرَاھِیْمَ

اِنَّکَ حَمِیْدٌ مَّجِیْدٌ

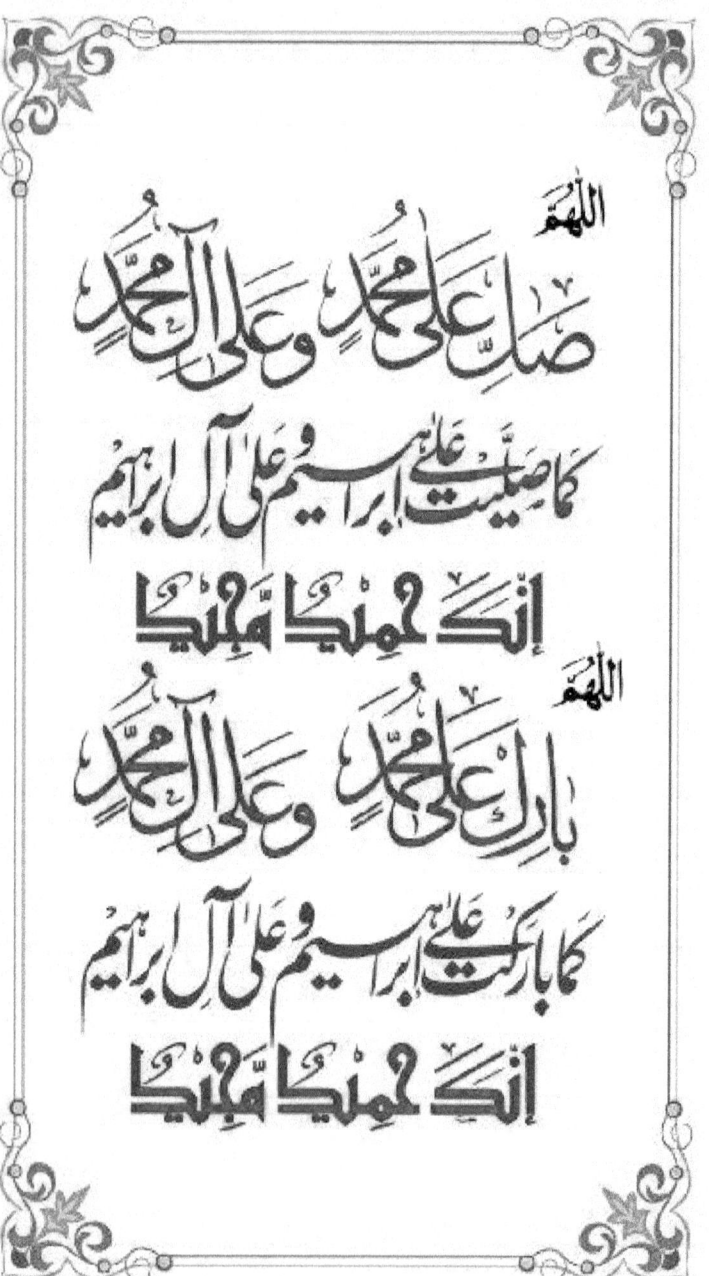

أحمد حامد محمد محمود قاسم

عاقب فاتح شاهد حاشر رشيد

مشهود بشير نذير داع شاف

هاد مهد ماح منج ناه

رسول نبي أمي تهامي هاشمي

أبطحي عزيز حريص عليكم رءوف رحيم

طه مجتبى طس مرتضى حم

مصطفى يس أولى مزمل ولي

مدثر متين مصدق طيب ناصر

منصور مصباح آمر حجازي نزاري

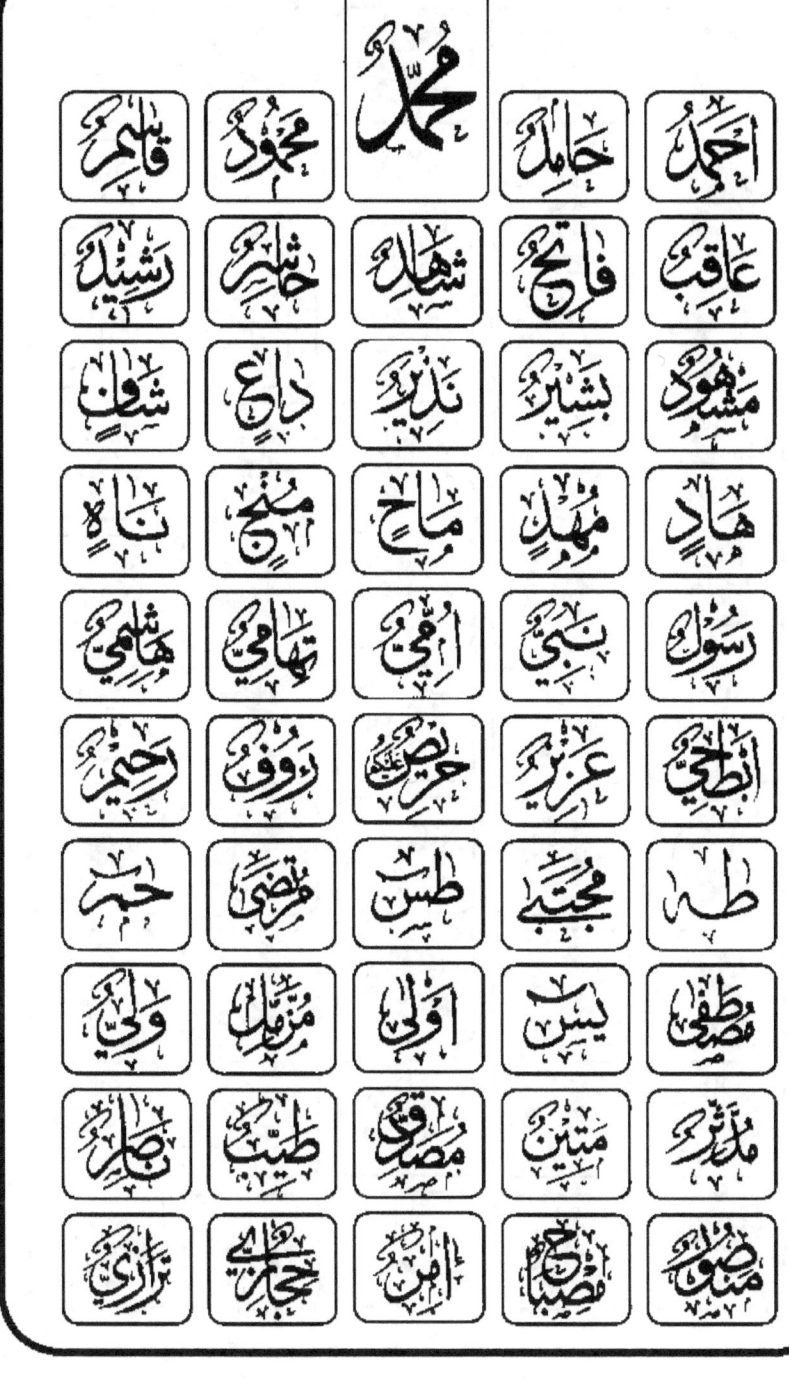

قرشي	مضري	نبي التوبة	حافظ	كامل
صادق	أمين	عبد الله	كليم الله	حبيب الله
نجي الله	صفي الله	خاتم الأنبياء	حسيب	مجيب
شكور	مقتصد	رسول الرحمة	قوي	حفي
مأمون	معلوم	حق	مبين	مطيع
رسول الراحة	أول	آخر	ظاهر	باطن
نبي الرحمة	يتيم	كريم	حكيم	خاتم الرسل
سيد	سراج	منير	محرم	مكرم
مبشر	مذكر	مطهر	قريب	خليل
مدعو	جواد	عادل	طاهر	شهير

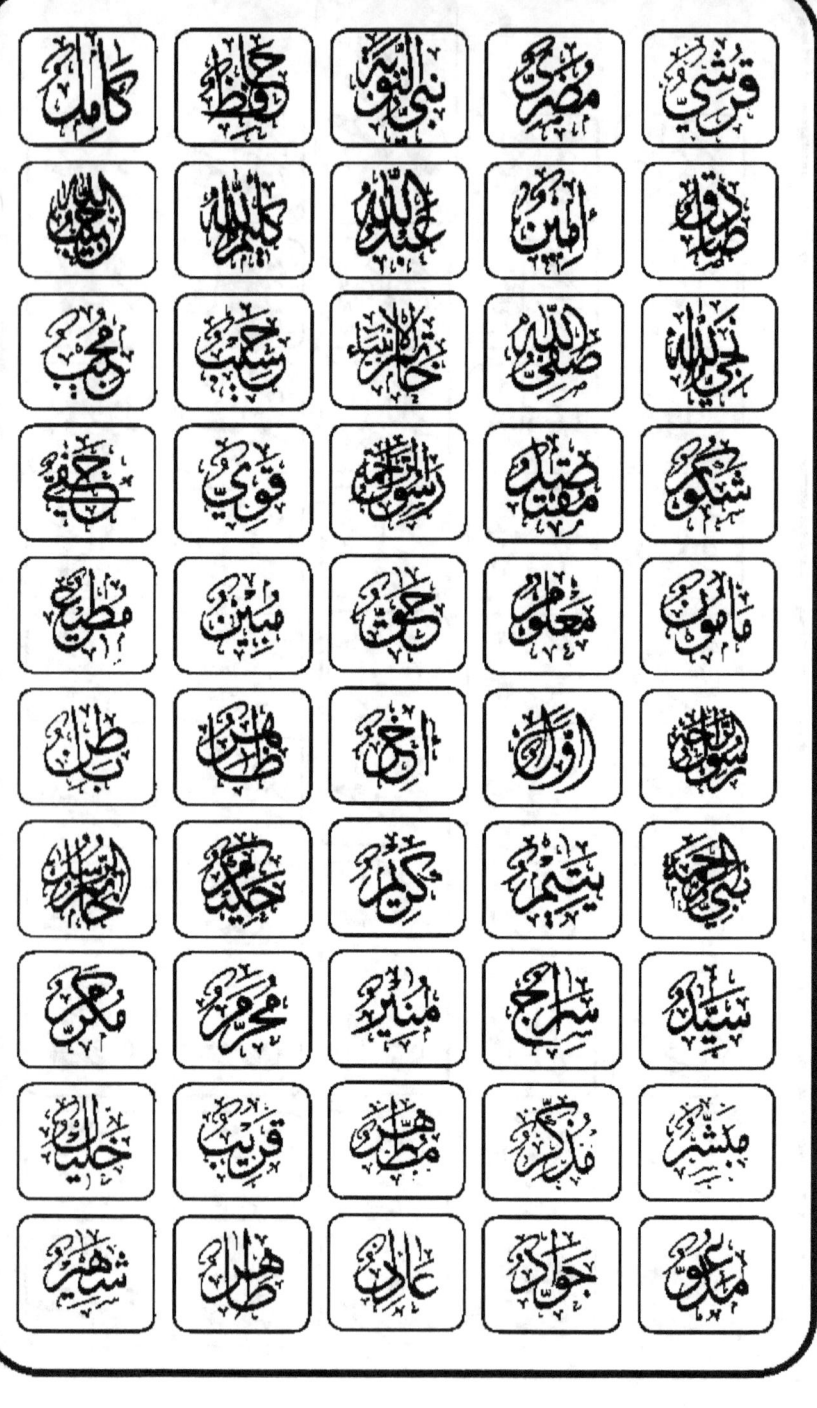